化け子の
脱オバベ
BEAUTY BOOK

ヘアメイク職人
化け子

したいみんなへ。

こんにちは！ ヘアメイク職人の化け子です。YouTubeの「化け子チャンネル」や、オンラインサロン「ビューティー学園」にて40〜50代の悩みをヘアメイクで解決しています。いずれも同世代の仲間と、年齢特有の悩みが蓄積された「オバベ」肌の脱出を目指しながら、楽しく生きる最適解を探す場です。でも、私のもとにやってきたみなさんは最初に必ず言うんです。「化け子さん、助けて〜！」って。

私のもとに駆け込めば、悩みが解決できると思っているんですね。でも…私は教えられないよ〜！ なぜなら人の顔や肌は千差万別。メイクに本当の正解なんてありませんから。つまり、私ができるのは

あくまでサポート。自分の最適解は自らの手で見

脱オバベ

つけるしかないのです。この本では、脱オバベを目指すビューティー学園のモニターたちが、3か月間かけて取り組んできたリアルで効果的なメソッドを紹介。スキンケアやメイクだけでなく、ボディメイクやヘアケアの観点からもオバベに切り込んでいます。「オバベ肌をどうしていいのかわからない」「情報が多すぎて混乱する」「青春時代のメイクから脱却できない」…そんなリアルな悩みをもつモニターたちは、あなたの写し鏡。3か月をかけて変わっていったみんなを目標に、この本で自分史上最高のあなたを見つけていきましょう。それでは脱オバベ、スタートです！

CONTENTS

PART 2 オバベとの付き合い方

PART 5 髪の毛はちゃんと洗うところから

本書に掲載されている商品は、すべて取材時（2023年2月）に販売されていたものです。

商品によっては、販売終了または売り切れ、パッケージ変更等の場合もありますのでご了承ください。

また、記載している価格はすべて税込みです

脱オバベをかなえた劇的ビフォーアフター

年齢によって肌が変わるのは当然のこと。加齢は免れない現実だけど、「諦める」か「チャレンジ」するかで、今後が大きく変わってきます

FILE 01

品と自信があふれる、エレガントな顔立ちに

Data: **宮崎篤子**さん　岐阜県・51歳

Profile: 脂性肌寄りの普通肌。以前は化粧をするとハデに見えるほど、はっきりした顔立ちでしたが、最近はまぶたが下垂し、だんだんと目が小さく見えるように。目の下のたるみグマも気になっています

AFTER

お悩みカルテ

- ☑ 顔に赤みが出やすい
- ☑ 髪がペタンコになりやすい
- ☑ そもそも自分に自信がない！

BEFORE

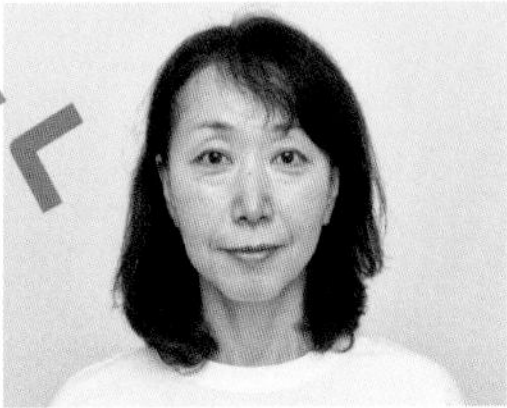

初めは自分の顔が見慣れなかった

「幼少期に不細工だねと言われてたこともあり、見た目や美容に関することに目を向けてきませんでした」と宮崎さん。いつしか自分への関心が薄れ、医療系の仕事のため毎日ほぼノーメイク&髪はひっつめで、ますますメイクに縁遠くなる日々…。しかし、40代半ばから肌の赤みや薄毛が目立つように。また、50歳を迎える目前に「この先、自分はこのままでいいのか」と思うようになりました。

最初に課せられたミッションは「自撮り」。初めは自分の顔が見慣れず戸惑いましたが、写真と向き合ううちに宮崎さんに変化が生まれます。

BEFORE

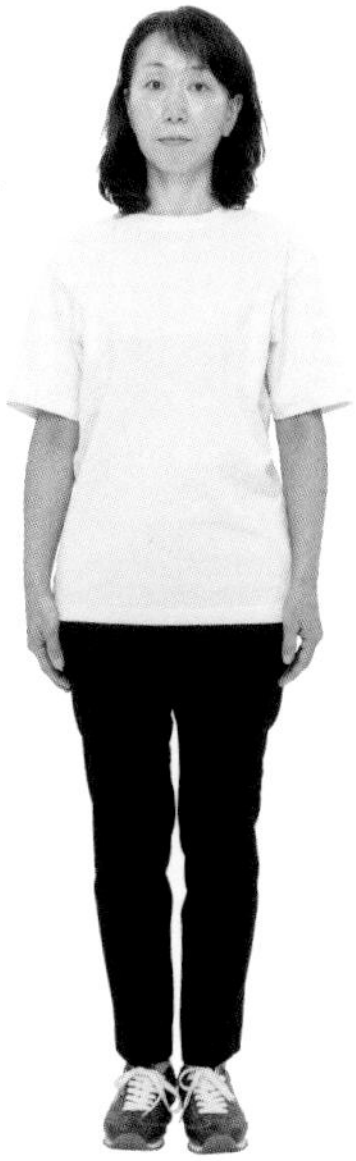

目指したのは“エレガント”な美しさ

たまにメイクをすれば加減がわからず、きつい印象になっていましたが、苦手なアイラインにもトライ。能動的に取り組むことで鏡の前の自分は変わっていきました。

「今までの私の人生は、自分を主語にして語ることが少ないことに気づいたんです。ガマンしているわけじゃないけど自分のことはあと回し。これからは自分のやりたいことを探そうって気になったんです。まだまだ勉強中ですが、休日はメイクやファッションを研究しています」と話す姿は、知的でとてもエレガント。上達したアイラインでアップした目力からも「もっと変わりたい」という意思が伝わってきます。

練習を重ねた結果、ハデになるからと苦手意識を持っていたアイラインも引けるようになりました。まぶたが下垂して小さく見えていた目元もくっきり！

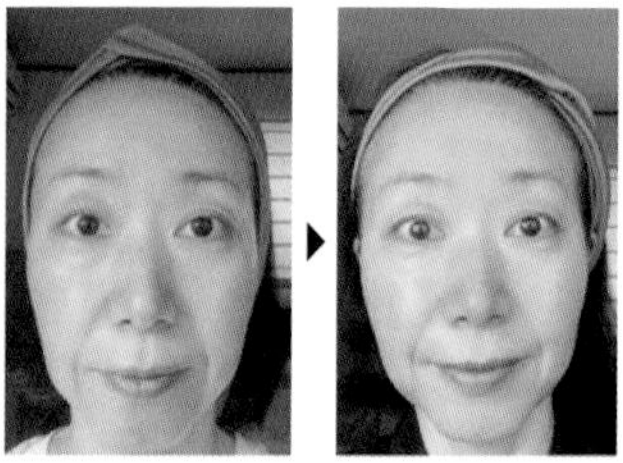

保湿不足で敏感気味になり、赤みがかっていた肌も、ローションパックの積み重ねで、明るく健康的な肌に

化け子 COMMENT

メイク映えする顔立ちなのに、最初は「自信がない…」と泣き言ばかりでしたが、それでも自分で試行錯誤を繰り返したことで、エレガントでステキな女性に変身。まだまだ発展途上だけど、少しずつ自信をつけてきた宮﨑さんなら、もう大丈夫！

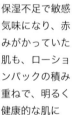

”これからはもっと、**自分ファースト**で輝きたいです！“

FILE 02

50代半ばでも変われる！ 伸びしろをつくるのは自分

Data: **Yさん** 兵庫県・55歳

Profile: Tゾーンだけ脂っぽくなる混合肌。50代に投入してから、ツヤ不足、くすみに悩むように。もともとメイク好きで、仕事がどんなに忙しくてもスキンケアは欠かさないほど、美容意識は高め

AFTER

お悩みカルテ

- ☑ **黄ぐすみが気になる**
- ☑ **顔全体のたるみ**
- ☑ **仕事中心でお疲れ気味…**

BEFORE

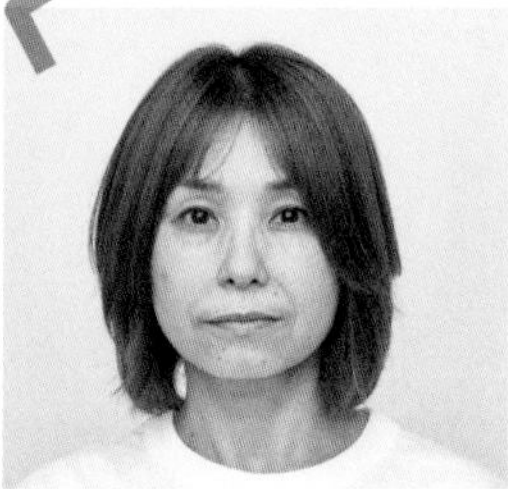

子育てに必死で30代の頃は肌ケアも満足にできなかった

「若い頃は、それほど大きな肌悩みはありませんでした」と語るYさん。それもそのはず、美容部員として働くほどのメイク好き。ところが…。

「30代半ばの頃、離婚してシングルマザーに。当時、下の子は、まだ幼稚園児。仕事と家事、3人の子どもの子育てで大忙しで、自分の時間を満足にとることなんてできませんでした。ドラッグス

トアで手に入るもので最低限のケアをするのが精いっぱい」

肌のトーンアップでマイナス10歳を実現

コツコツとスキンケアを積み重ねてきましたが、50代からは加齢による陰りが…。美容に前向きなYさんは子育てが一段落したのを機にビューティー学園に入り、この本のモニターとして参加を決意。「おかげで3kgやせて、おなかや顔が引き締まり、姿勢がよくなりました。今回の挑戦は、人生の折り返し地点を過ぎた自分が、どう生きるかを考えるいい契機に。肌や体にいい食べ物を口にし、今までしなかったファッションにもチャレンジしたくなりました」。

BEFORE

仕事で忙しいなかでも、自分の伸びしろを自分でつくったYさん。元来のメイク・ファッション好きも高じて、さらに美しさに磨きがかかり、お孫さんがいるとは思えないほど若返りました。

化け子 COMMENT

仕事でてんてこ舞いでも、「忙しい」と言い訳をしない。アグレッシブに美を追求するバイタリティに刺激を受けました。時間は自分でつくるもの。それをYさんが教えてくれました

“かっこいい「ばぁば」目指します!”

PART

1

アラフィフこそ
自撮りで
自分と向き合おう

自分の姿をまじまじ見たのはいつ？
シワやたるみが増え、
変化するボディラインから
目をそらしていては、なにも変わりません。
現状を把握するために、
始めたいのが自撮りアクションです！

MISSION:1

自撮りアクション

自撮りで現実を知ろう

ねえ? みんな、自分のことちゃんと見てる?
自分の姿は自分では見られないから、「現状」を確認するために、
自撮りをしてみましょう!

脱オバべのために、まず取り組んでほしいのが自撮り。目的は現実を直視するためです。**これまでまともに鏡を見てこなかった人ほど、現状と脳内の姿にズレがあるんです。**でも、みんな自分を見るのが苦手。だってシワやくすみ、崩れているボディラインを見るのは怖いもの。でも、そこに目を向けることから始めましょう。

自撮りは、写真や動画で撮影し、さまざまな角度から自分を観察してみて。撮影は太陽光の下で行うとベター。暗い室内で撮影すると凹みやたるみが強調されてげんなりすることもあるからね。また**自撮りでは悪い部分だけでなく、必ず自分の好きな部分を見つけるのも忘れないでね。**自分の現在地を知ることができれば、その先に進むべき道がくっきりと見えてきます。

Let's Challenge!

参加モニターたちも、しっかり挑戦！

脱オバベのスタートラインは、客観的に自分を知る「自撮り」から。
迷子の自分の現在地を知り、行く先を見つける手がかりになります

1 初めはぎこちない笑顔

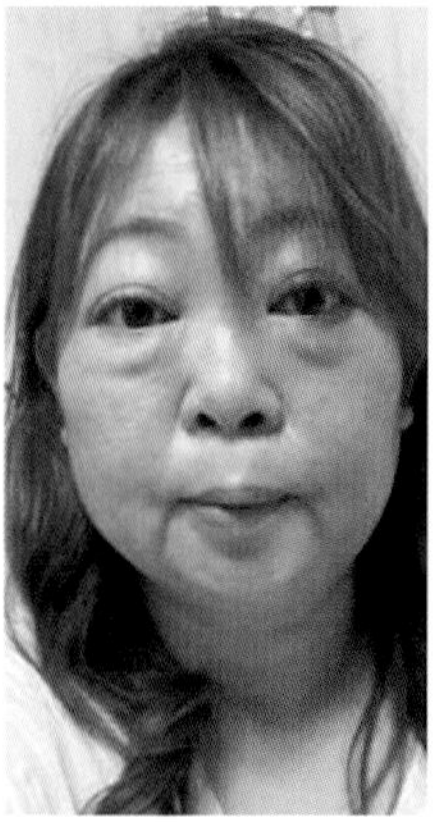

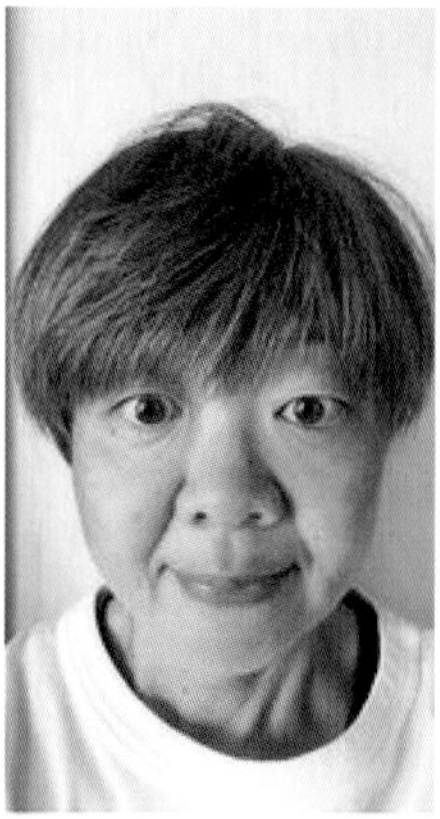

自撮り開始直後は、今の自分の姿にボーゼン。笑顔をつくってもぎこちなさMAX！ 口角はやや下がって不機嫌顔です。頭の中で描いていた自分と現状のズレを自覚します

2 自然な笑みが増えて…

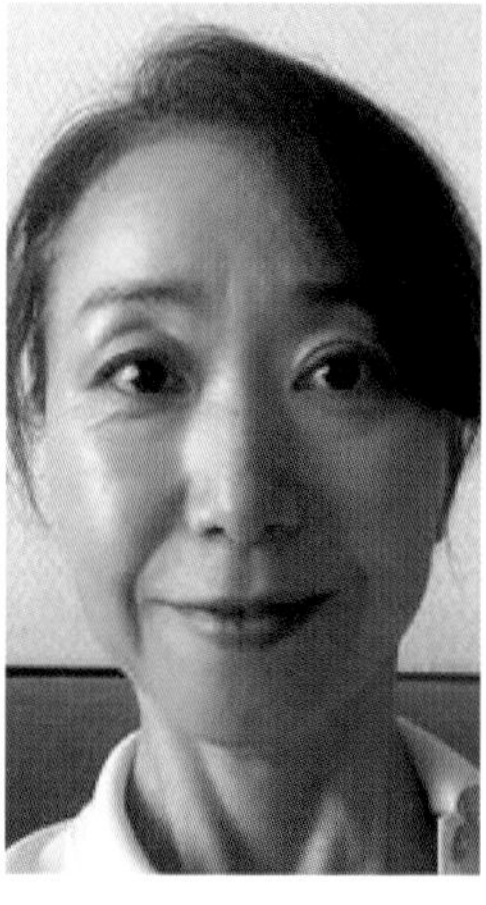

自撮りを重ねることで現状を受け入れられるように。肌やメイクの改善点が見つけやすくなり、笑顔も自然になってきました。日々の変化を記録できるのもスマホ自撮りのいいところです

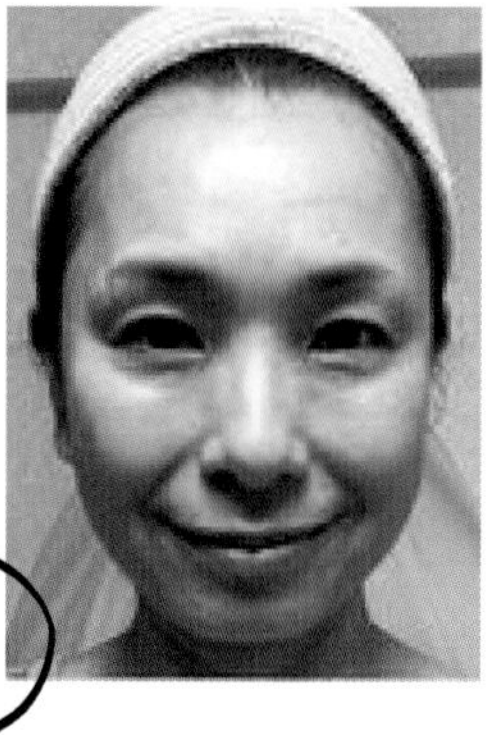

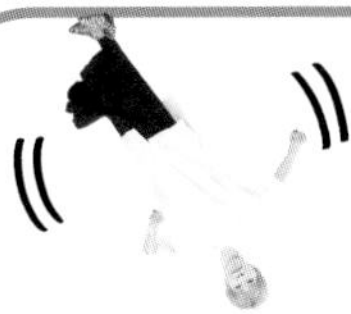

表情が
明るくなったね！

3 メイク前、メイク後を見比べる余裕が

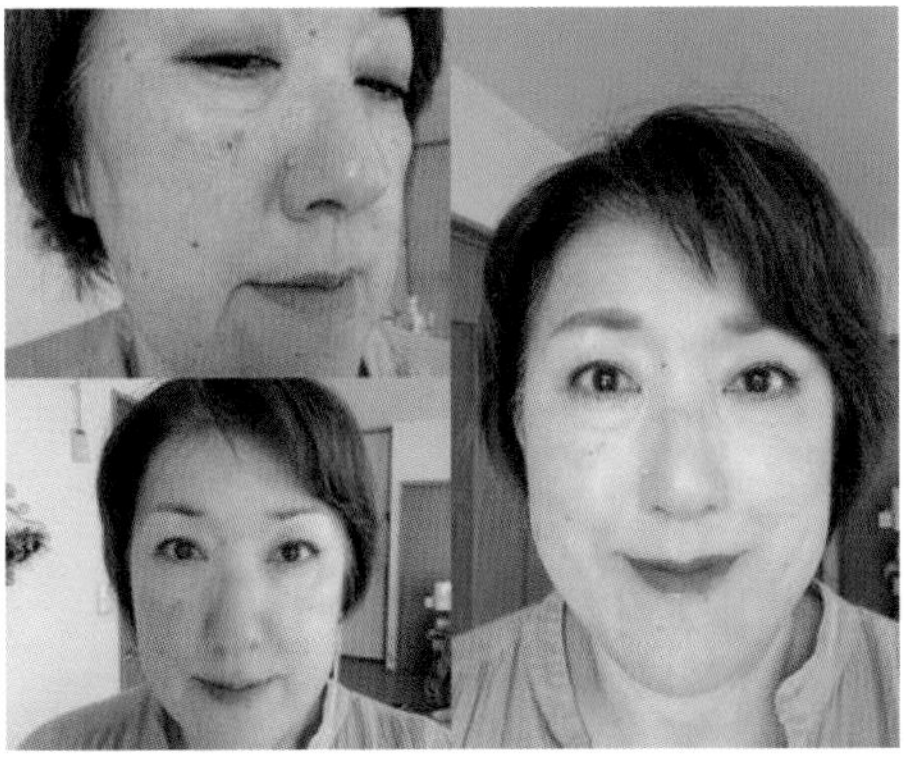

メイク前　　メイク後

メイク前後を撮影して改善点を探るうちに、日々メイクが上達。よくなった部分を伸ばしていくことで、欠点だった部分が気にならなくなる利点も。毎日の努力が成果となって表れると笑顔が増えて自分のことが好きになり、続けるのが楽しくなっていきます

自撮りは現状に目を向け、自分を慈《いつく》しむ時間。そうすることで自分が好きに！

>>> もちろん、悲鳴もぞくぞく

いつの間にこんなオバちゃんに…

と落胆の日々

顔の左右差が！ 考えてみると、

左側の歯ばかりで食べ物を噛んでいるかも…

姿勢が悪くて、

首が前に出ている…

顔丸出しで撮ると、

ほうれい線

目元のたるみ

ゴルゴライン

に気づく

>>> 一方で、ポジティブな気づきも！

肌ケアの**結果が、目に見えるように！**

動画で撮ると、**意外とシミが気にならない！**

ゆっくり眠れた 次の日は、**肌の調子もいい！**

私は自撮りで片方の眉が上がることに気づいたの。つまり、それは片方の筋肉が弱ってるってこと。自分の特性がわかると、どうすればいいか対策が見えてくる！

ネガティブをいったんのみ込む

自撮りアクションで、どうしても目がいってしまうのがシミやシワなどの欠点。でもちょっと待って！ **欠点ばかりに目を向けると自己肯定感が下がるし、やる気もうせて前へ進めません。**ネガティブな感情は、いったんのみ込む。そして改善できるところはないか冷静に探しましょう。ちょっとしたクマやシミだったらメイクで隠せるな、とかね。

　どうにもならないなら、それはちょっと横に置き、逆にいいところを伸ばす努力をしませんか？ シミがあっても唇の形がきれいだったり、髪の毛サラサラだったり。**いいところを伸ばしていきましょう。**そうやって取捨選択できることを見つけていくと、やれることが増えていくんです。

ビジョンマップ
をつくって
なりたい自分を想像しよう

ビジョンマップは、自分がどうなりたいかという「行き先」を表すビジュアル地図。憧れの女優さんの写真を並べて視覚化したマップが、明確な道しるべになってくれます

というわけで、今日からスタート

MISSION:1

自撮りアクション

▶ P14

顔映りがよくなる太陽光の下で、スマホを使って、自分の顔をあらゆる角度から静止画＆動画で撮影。ミッション中、くじけそうなときは自撮りを見て、気持ちを奮い立たせてみて！

MISSION:2

自分の肌を知る

▶ P26

自分の肌を知るために、市販の「肌チェッカー」を使って水分量と油分量を測定しましょう。毎日の観察で、自分の肌の特徴を知ると、対策も見えてきます

脱オバベのために始めたいのが、この**7つのミッション。**自撮りアクションで確認した現在地をスタートポジションとして、ミッションをクリアしていきましょう。「オバベをなんとかしたい」と私のもとに駆け込んでくる人は多いのですが、**自分の悩みを解決する正解は、自分で見つけるしかないんです。**今まで自分に目を向けてなかった人ほど、なにをやればいいのか頭の

MISSION:3

自分の肌を好きになる

▶ P32

毎日のスキンケアで肌に触れ、観察することは、自分をいたわること。丁寧に優しくケアを続ければ、毎日細胞が生まれ変わる肌は上向きに。自分の肌と仲よくなれます

MISSION:4

ベースメイクを見直す

▶ P40

苦手意識の多いベースメイクは、若い頃からアップデートしてない人も。老けた印象になるファンデの厚塗りを防ぐ、シミなどの欠点を隠すなどの、オバベ肌に合ったコツを覚えましょう

MISSION:5

ポイントメイクを楽しむ

▶ P48

ベースメイク同様、青春時代からアップデートをしてない人も多いのがポイントメイク。色選びやポイントメイクの入る位置をほんの少し変えて、オバベ顔をイマドキ顔にシフト！

MISSION:6

全身のバランスをチェック

▶ P64

エクササイズで、ボディラインやフェイスラインを引き締めると、たるみやクマが目立たなくなり、顔が若返った印象に。さらに毎日の運動で心も体も健康になると、笑顔が最高のメイクアップに！

MISSION:7

ヘアで印象を激変させる

▶ P80

顔の印象の８割を握るのがヘア。メイクでできることには限界があるからこそ、毎日できるヘアケアやヘアスタイルの見直しで、顔周りの印象を変えていきましょう

中がごちゃごちゃ。まずはその複雑にからみ合った糸をほどくためにも、この順番をたどりましょう。

あらゆる角度からオバベの原因に切り込むことで、オバベに変わる速度が遅くなるだけでなく、**何歳からでもステキに変われるから。**その効果は、この本の各所に登場していただいたモニターさんたちが証明してくれています。**さあ、立ち止まってないで、一緒に進みましょう！**

Here We Go!!

COLUMN

読むサプリ

化け子印の心の特効薬♥

KEYWORD:

暗黒化け子脱出で、人生も楽しくなった！

用法容量を正しく守ってお読み下さい

もともと洋服が好きで、20代の頃はいろいろなスタイルに挑戦していました。でも、離婚してからは、毎日の暮らしで精いっぱい。おしゃれを楽しむ余裕がなくなって、気がついたらいつも選ぶのは黒の服。黒さえ着ていればプロっぽく見えるし、失敗もないから、いつの間にか暗黒化け子になってました…。でも、ドラマスタイリストの西ゆり子さんに「黒＝安心安全を選んでいると、人生もそうなっちゃうの」と言われてハッとした。化け子、好きなことを楽しむ気持ちを忘れていました。そこから黒一色の服を脱出。今は、好きな服を楽しんで選ぶ、そんな自分を楽しんでいます！

暗黒時代……

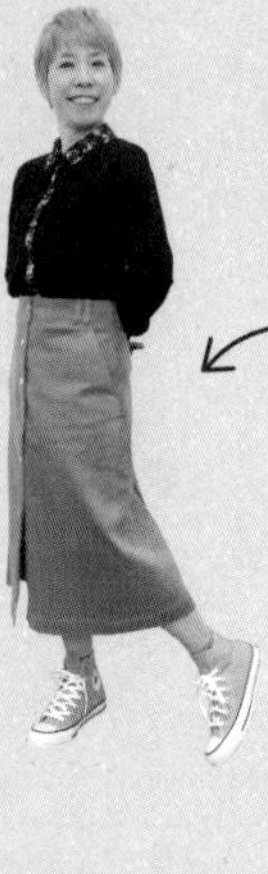

カラフルな服に

PART
2

オバベ
との付き合い方

40 代に入った頃から
私たちのほとんどが、
乾燥でくすんで見える「オバベ」肌。
だからこそ、
スキンケアやベースメイクに
ちょっとした工夫を取り入れて、
肌を美しく見せちゃいましょう

イエベ？ブルベ？ いいえ、オバベです！

美容雑誌に「メイク選びは肌色の傾向に合わせて」と書いてあるのを見かけます。それがいわゆるブルーベースの「ブルベ」と、イエローベースの「イエベ」です。確かに肌色の傾向を知っておくと、色選びは楽かもしれません。でもね、オバベ世代は「ブルベ、イエベどっちかな～？」なんて真剣に悩まなくてもいいの。**だって私たち、肌がくすんだオバさんベース＝オバベ肌なんだもの～！** この原因は、加齢によって水分保持能力が低下し、乾燥が進んでくるため。だからこそ、スキンケアの基本は保湿重視なんです。毎日のケアで肌の水分量がアップすると、透明感が増して、小さなシワなら目立たなくなり、メイクのノリもグーンとよくなりますよ。

もうイエベとか、ブルベとか
言っている世代じゃありません！
私たちはシミやシワもある、
くすんだ「オバベ」肌です。
その事実を受け入れることから
スキンケアやメイクを
始めましょう

昔の肌 と 今の肌
更年期で変わります

普通肌以外の肌質は、主に以下の３つ。脂性肌の人はインナードライに、
乾燥肌の人はさらに乾燥が加速するケースがほとんどです

脂性肌

水分量：30～40%　油分量：35～50%

皮脂が過剰でニキビやテカリに悩むタイプ。水分量も油分量も多いのが特徴で、メイクをしても崩れやすいです。ただし、40 代以降にはほとんどなく、インナードライに移行します

インナードライ

水分量：10～30%　油分量：30～50%

別名、隠れ乾燥肌。肌内部の乾きを補おうと過剰な皮脂が分泌されるため一見うるおって見えますが、実は乾燥しています。保湿を怠ると皮脂が分泌される…という負のループに

乾燥肌

水分量：20～40%　油分量：15～25%

水分はそこそこあるけど皮脂が少なく、ツヤがありません。肌を外的刺激から守るバリア機能が弱いので、肌トラブルが起こりやすいのもこのタイプ。乾燥が進むと敏感になることも

ちなみに…　普通肌　**水分量：35～50%　油分量：23～30%**

※水分量、油分量はおおよその目安です

右の図は、普通肌以外の肌タイプを表しています。しかし、長年の私の経験から言えば、オバベ世代に「脂性肌」はほとんどいません。多くは「乾燥肌」か「インナードライ」の混合肌です。たまに脂性肌の人がいますが、限りなくインナードライ。**つまり、オバベ世代の肌は乾きまくっているのです！** これは加齢により肌のターンオーバーが鈍ることが影響しています。

また、女性の場合、更年期にさしかかると女性ホルモンの分泌量が減少。それにより肌の水分保持力が低下し、くすみやすくなるのです。自分の肌タイプを知るには、肌の水分量と油分量を測定する肌チェッカーが便利。数値化して、自分の肌を客観的に知っておくと対策が立てやすいです。

すりガラスに水を垂らすと透けるように、**角層内がうるおっていれば、それだけで肌の透明感が上がります。** メイクのノリやもちがよくなったり、小ジワや毛穴が目立たなくなったり、といいことずくめ。毎日の洗顔や化粧水前のローションパックなど、保湿ケアの心がけひとつで、脱オバベを図りましょう！

乾きまくっている私たちの肌。スキンケアも年齢とともにアップデートが必要よ！

Let's Check

あなたの肌タイプは？チェックしてみよう

季節によっては普通肌が乾燥肌になるし、脂性肌だと思ったら本当はインナードライなことも。思い込みもあるので、この項目で自分の肌傾向をチェック！

肌チェッカーを使用すると、さらに明確になります

乾燥肌さん

- ☐ 洗顔後なにも塗らずに 1 分放置すると、カサカサになる
- ☐ 朝起きたとき、顔がカサカサしている
- ☐ 日中にふと鏡を見ると、目元に小ジワができている
- ☐ 頭皮や耳、首が乾燥しているのを感じることがある
- ☐ メイク直しをしても肌がガサガサでノリが悪い
- ☐ コンシーラーでしっかりカバーすると、カピカピになる

インナードライさん

- ☐ 洗顔後なにも塗らずに 1 分放置すると、T ゾーンがテカってくる
- ☐ 朝起きたとき、おでこや鼻周りがテカテカしている
- ☐ 頬や鼻の毛穴が目立って気になる
- ☐ 夕方になると顔がどんよりして見える気がする
- ☐ ファンデーションがヨレるなど、メイク崩れしやすい
- ☐ 大人ニキビができることがある

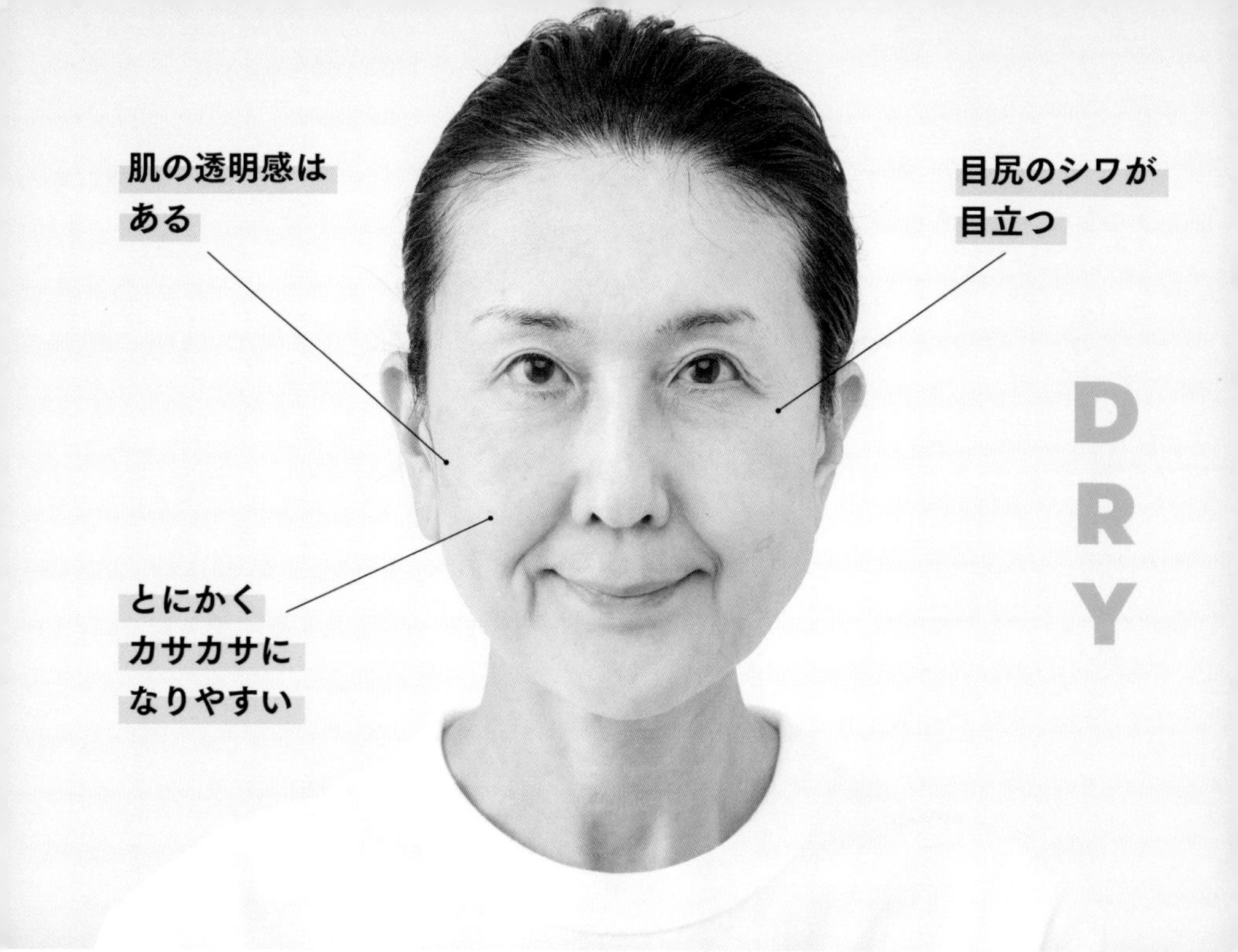
肌の透明感は
ある
目尻のシワが
目立つ
DRY
とにかく
カサカサに
なりやすい

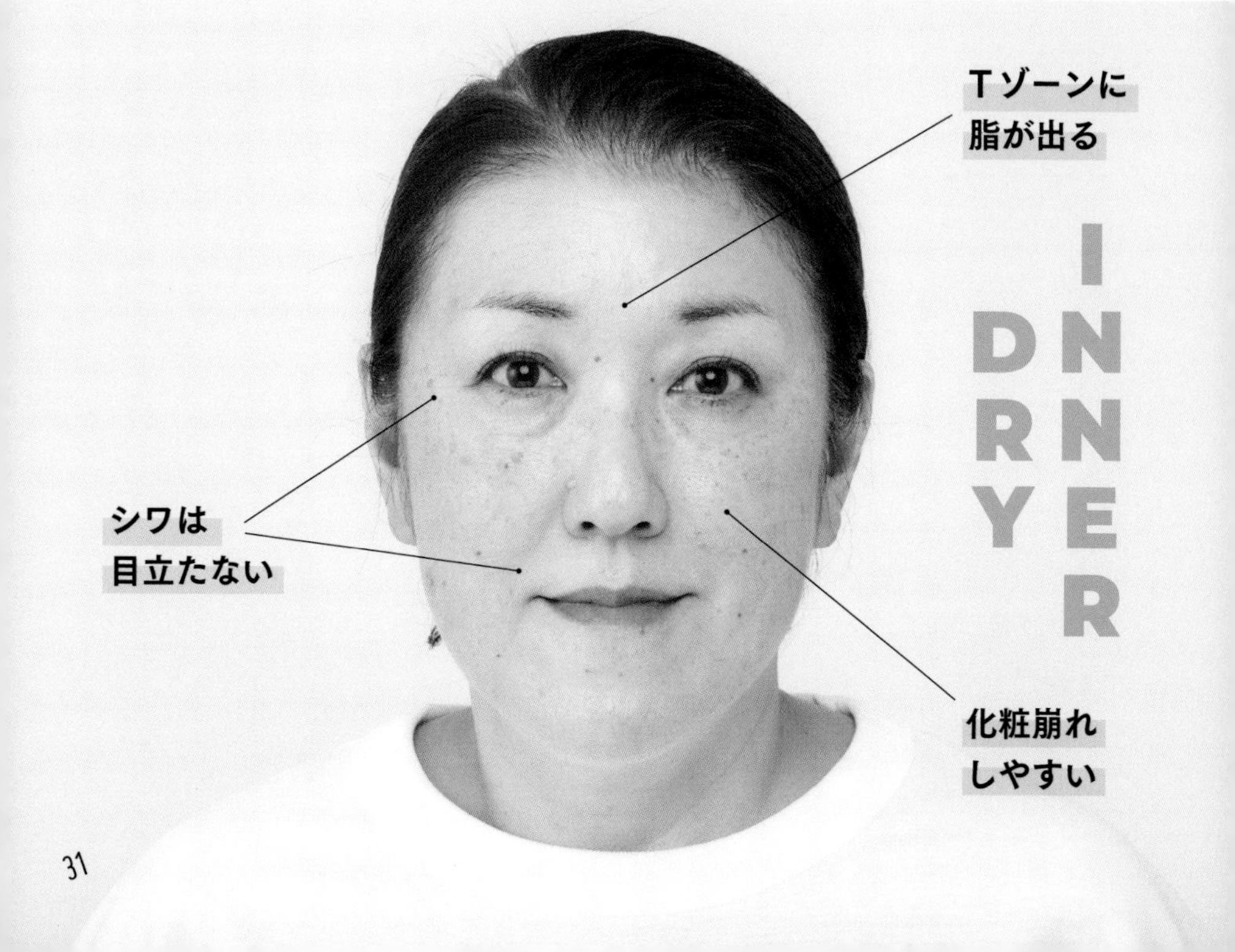
Tゾーンに
脂が出る
INNER
DRY
シワは
目立たない
化粧崩れ
しやすい

する2STEP

STEP 1

とくに乾燥肌さんにおすすめ！

ふんわり泡洗顔

1 洗顔料を泡立てる

肌摩擦で肌を乾燥させないためには、泡立てネットや泡タイプの洗顔料を使ってきちんと泡立てて。泡が細かいほうが肌あたりがよく、毛穴汚れも落ちやすくなります

2 こすらず優しく洗う

Tゾーンから洗顔料をのせていきます。泡をつぶさないように優しく転がすように洗ったら、残りのパーツに泡を広げ、モフモフと押し洗いをしましょう

オバベ肌に共通しているのは乾燥。
とくに乾燥肌の人は洗顔を丁寧に、
インナードライの人は
ローションパックを取り入れて

肌を大事に

Point!

とくに気をつけたいのが肌摩擦。
洗うときも、すすぐときも、拭くときも優しくね

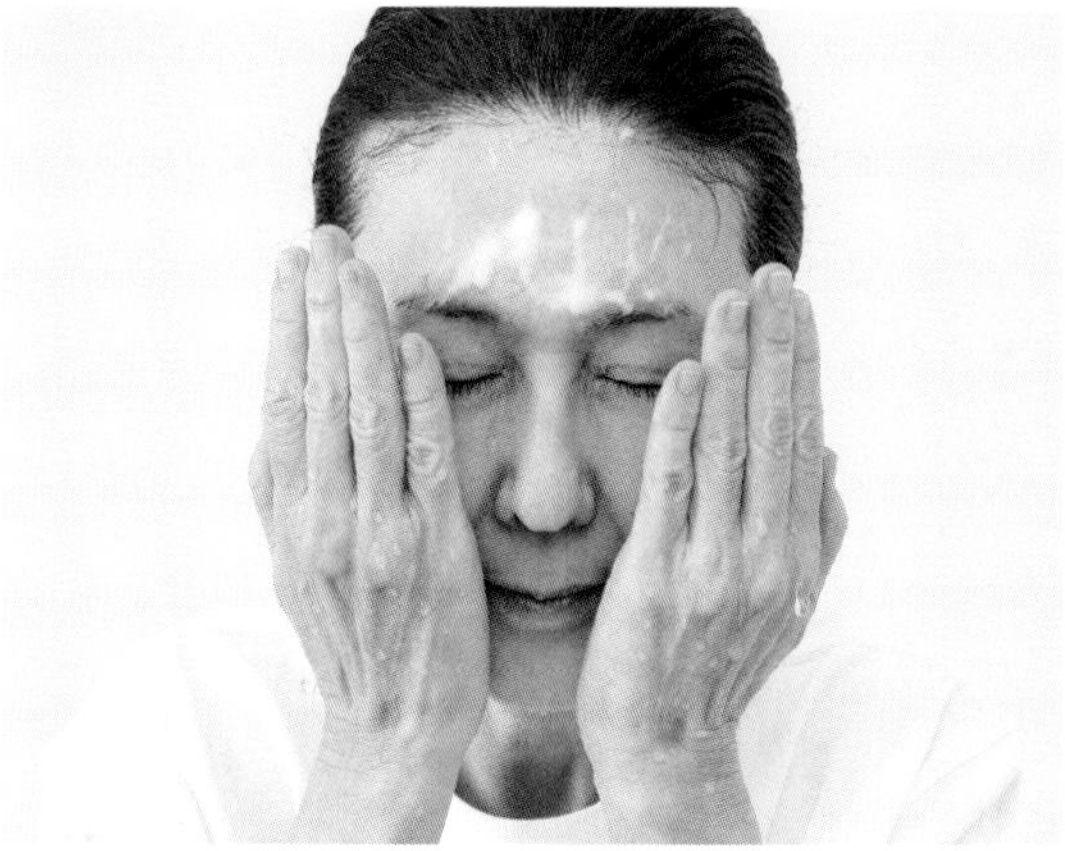

3 ぬるま湯ですすぐ

30℃くらいの少し冷たく感じるぬるま湯で、ぬるつきがなくなるまですすぎます。なお、シャワーを使って流すのは刺激になるのでNGです

4 タオルで押さえるように拭く

すすいだら、タオルでそっと押さえるようにして水気を拭き取ります。肌触りのいいタオルがなければ、ティッシュで拭き取るのも◎

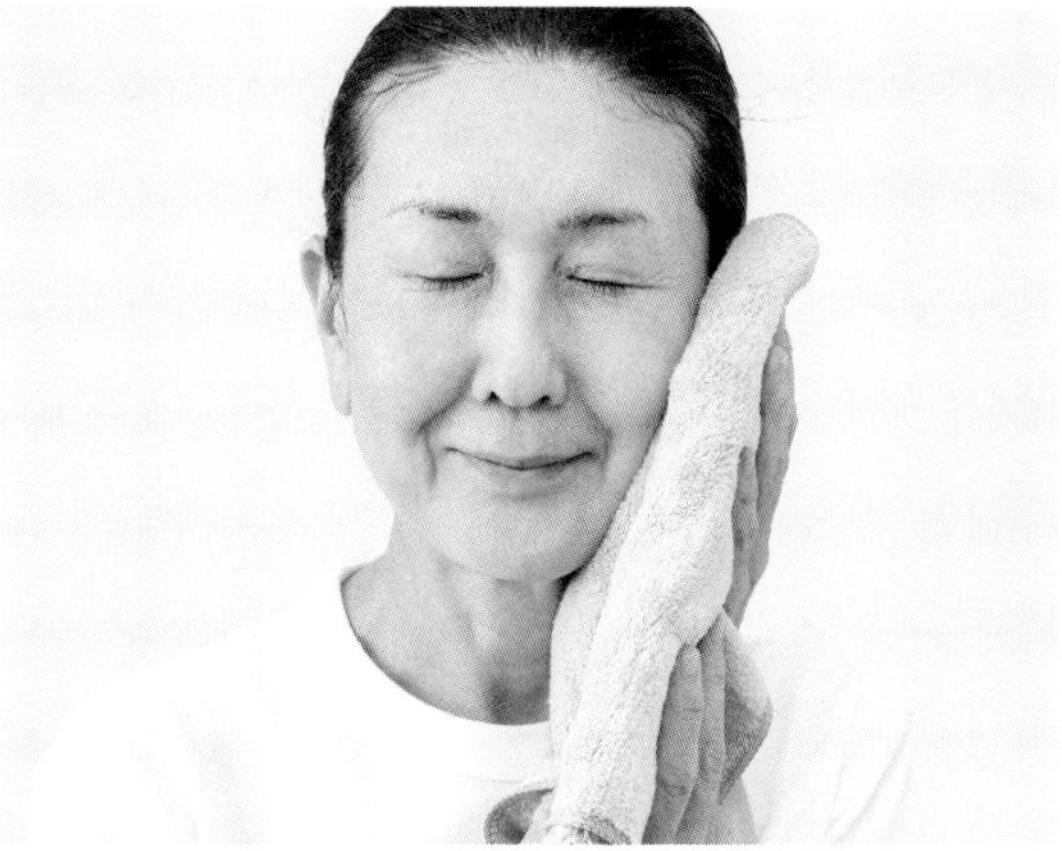

STEP 2

とくにインナードライさんにおすすめ！

ローションパックで肌質改善

① 水に化粧水を混ぜる

容器に精製水など塩素が入ってない水を入れ、そこに化粧水を10振りします。このほかに100均のシリコンマスク、大判コットンを4枚用意

② コットンを浸して裂く

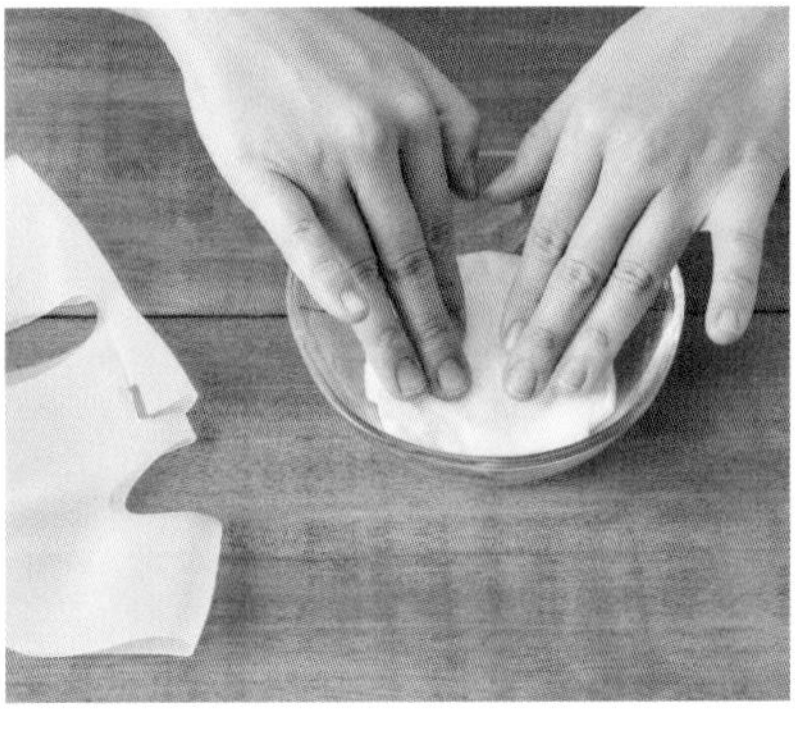

取り出しやすいよう、コットンを縦横互い違いに重ねてから、①の化粧水を混ぜた水に浸します。十分に浸ったらコットンを２枚に裂いて、計８枚に

Point!

洗顔後、化粧水の前にローションパックをまずは
朝晩3日続けて、週に2～3回を習慣にしましょう

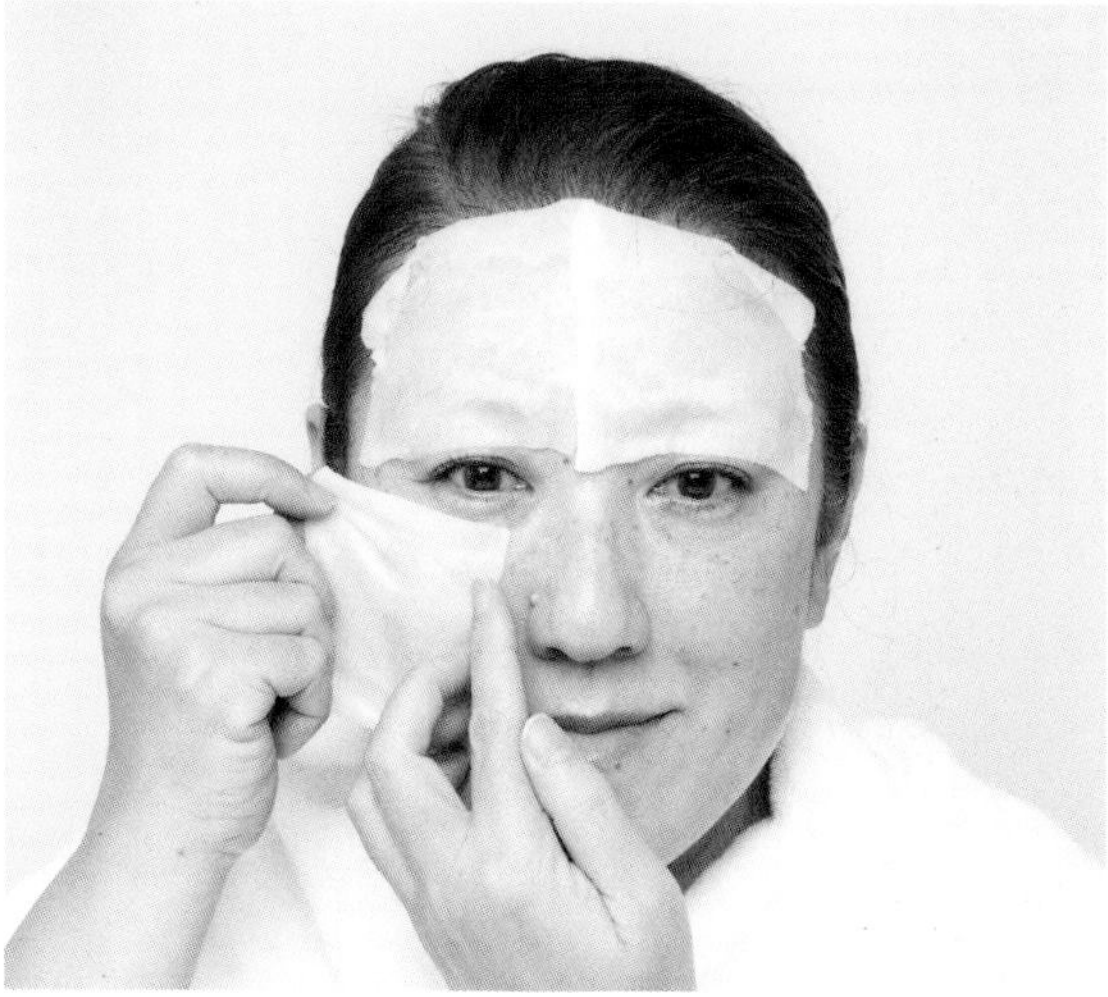

3 コットンで顔を覆う

しゃばしゃばに濡れたコットンを顔にのせていきます。目と鼻の穴を避け、コットンを片手で押さえて、リフトアップするように引っ張り上げながら貼りつけるのがコツ

4 シリコンマスクで密閉する

顔全体を覆ったら、上から100均でも売っているシリコンマスクを重ね、うるおいを密閉。乾燥肌の人は3分キープ、インナードライの人は5分キープします

化け子がやってる

基本のスキンケア

どんな肌質でもケアはこの順番が基本。肌が乾きやすい人は、ローションパックの前に軽く化粧水をつけておくことをおすすめします

泡洗顔 →P.32

ローションパック →P.34

化粧水

ローションパック後は、うるおいが浸透しやすい状態。時間をおかずに、たっぷりの化粧水を投入しましょう。肌摩擦が起きないように手のひらで包み込むようにつけるのがコツ

美容液

美白やシワケアなど、そのときの自分に必要な成分が凝縮された美容液をクリーム前にプラス。指の腹を使って顔全体に塗布し、さらに気になる部分を狙ってなじませましょう

クリーム

化粧水のうるおいと美容液の成分をクリームで閉じ込めて。両頬、おでこ、あご、鼻に点置きし、指で優しくトントンと顔全体に広げたら、最後は指の腹を滑らせてなじませます

日やけ止め

朝は日やけ止めまでがスキンケア。ノンケミカルで、パウダー状の紫外線散乱剤が入っているものが肌に優しくておすすめ。塗り忘れがないよう、生え際まできちんと塗りましょう

化け子の おすすめスキンケア用品

CLEANSING〔クレンジング〕

［右］ **おひさまでつくったクレンジングオイル e**

米ぬか油をベースにした植物由来のオイルで、メイクや肌の汚れを優しくオフすると同時に、美容成分が肌のうるおいをサポートします。150㎖ ¥1320（エリデン化粧品）

［中］ **オイルクレンジング**

ベースに、酸化が起きにくい国産のコメヌカ油を51%配合。美容成分が豊富なナチュラルオイルがワントーン明るい肌に洗い上げます。150㎖ ¥3960（アビリティー）

［左］ **アルティム８∞ スブリム ビューティ クレンジング オイル**

椿オイルなど８種類の植物由来オイルを配合。洗いながら美肌ケアを実現。450㎖ ¥13750（シュウ ウエムラ）

LOTION〔化粧水〕

［右］ **ナチュラルベースローション**

肌サビの原因となる酸化を防ぎ、コラーゲン生成をサポートするフラーレンを配合。みずみずしい化粧水がハリ肌に導きます。200㎖ ¥3080（アビリティー）

［左］ **リズムコンセントレートウォーター**

ダメージで乾いた肌に吸い込まれるように届いて、長時間うるおいをキープ。アロマティックハーブの香りでケアの時間も楽しく。300㎖ ¥4400（アユーラ）

FACIAL WASH〔洗顔料〕

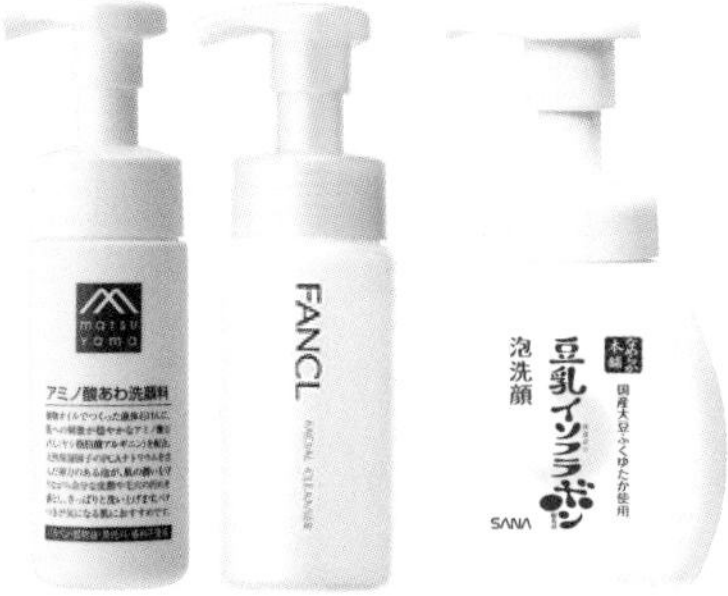

［右］ **サナ　なめらか本舗 泡洗顔　NC**

ヒト型セラミドのほか、豆乳発酵液などの保湿成分を配合。ふわふわのキメ細かな泡が、毛穴の汚れまですっきりオフします。200㎖ ¥825（常盤薬品工業）

［中］ **ピュアモイスト 泡洗顔料**

泡で出てくる洗顔料。ダブルセラミドやアミノ酸系洗浄成分を配合。ゆらぎがちな大人の肌をうるおいたっぷりに洗い上げます。150㎖ ¥1320（ファンケル）

［左］ **Ｍマークシリーズ アミノ酸あわ洗顔料**

肌におだやかな植物性アミノ酸石けんを配合。キメ細かい弾力のある泡が、余分な皮脂や毛穴汚れをさっぱりと落とします。130㎖ ¥990（松山油脂）

AFTER BEFORE

泡洗顔・ローションパックを続けた結果は…

FILE 03

シミが目立つくすみ肌が、透明感のあるもち肌に

Data: **小根山実奈さん** 新潟県・52 歳

Profile: インナードライ。今までメイクはおろか、スキンケアも満足にした経験はなし。アウトドアスポーツ好きが高じて近年シミが爆発し、毛穴や角栓で肌もトーンダウン。目周りのたるみも気になってきました

お悩みカルテ

- ☑ シミ・肝斑が気になる
- ☑ 目の下のたるみ
- ☑ スキンケア、メイクの知識と経験なし！

BEFORE

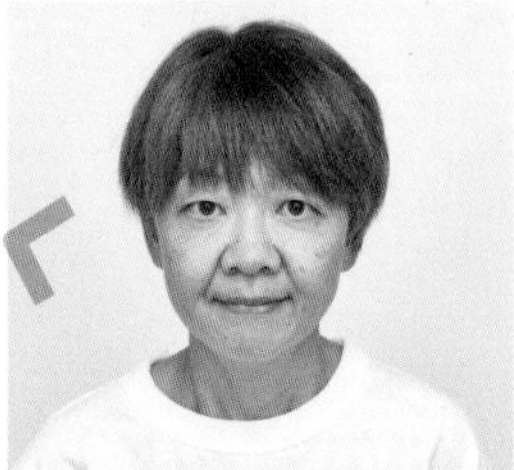

メイク経験ゼロ…

日やけし放題の肌が生まれ変わりました

「若い頃の肌悩みはなし！」と答えた小根山さんですが、それもそのはず。今までスキンケアの習慣がなく、肌と向き合ってきませんでした。アウトドアでも日やけ止めを塗らない猛者でしたが、周囲に「おばあちゃん」呼ばわりされて一念発起。基本のスキンケアに加えてローションパックを毎日継続します。その結果、明るい肌色に。「水分と油分の数値がよくなると明らかに外見に表れるので、モチベーションを維持できました」と小根山さん。毎日のケアの必要性と継続の大切さを、身をもって証明してくれました。

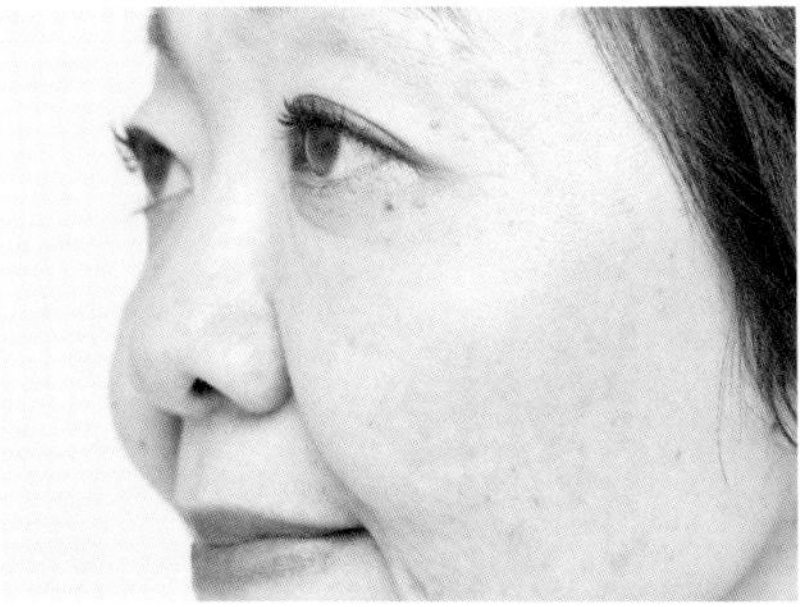

ピンク下地を使うことでくすみや肝斑をカバー。気になる目のたるみは、目周りの眼輪筋を鍛えるウインクを習慣に。さらにまつげパーマにより、まぶたが上がりました

化け子 COMMENT

肌の印象が変わると一気に若返る好例。今までほとんど手をかけてなかったぶん、肌が見違えるようにトーンアップし、若々しい印象になれました。スキンケアが面倒な人は、泡立て不要の洗顔料やオールインワンを活用してみましょう

「崩れやすい肌」には「直しやすいメイク」を

シミやシワを隠そうとして、下地、ファンデーション、さらにコンシーラーをしてパウダー…と重ね塗り。イヤー！ 厚塗りは昭和感あふれるオバベ肌に見せる原因。しかも**厚塗りすれば、それだけ崩れやすくなりますよ。**

これは私たちの肌がもう乾燥しきっているからなの。水分量も油分量も理想的なみずみずしい肌なら、ファンデやパウダーをのせてもほどよく皮脂と混ざり合って肌に密着する

CCクリームという選択も！

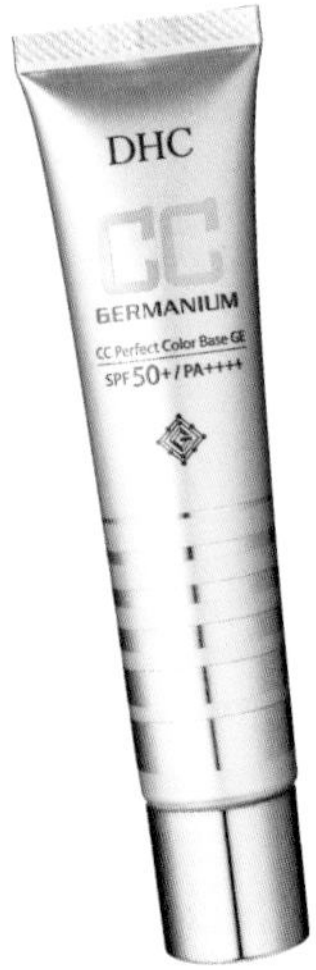

乾燥肌の人はキメが整って毛穴が目立ちにくいので、ベースメイクはあれこれ重ねず、色補整できるCCクリームや下地だけでも◎

ほどよい血色感をプラスしてくれる。DHC CC パーフェクト カラーベース GE アプリコット 40g SPF50+・PA++++ 全2色 ¥2860（DHC）

けど、乾燥しているとなじまず浮くばかり。それどころかパウダーなどの粉体が、肌のわずかなうるおいを奪って乾燥崩れを起こしたり、その逆に肌からは過剰な皮脂が分泌された結果、皮脂崩れを起こしたりするんです。

一度ベースが崩れると、直すのはひと苦労。あれこれ塗る前に、パウダーまでみっちり塗るメイクの常識を疑ってみて。もちろん、すべての人がパウダーの重ね塗りがＮＧではなく、肌質を見極める必要があるんです。**ベースメイクはできるだけ薄〜く、薄〜く。**なんなら下地×コンシーラーでも十分です。そのほうが万が一、崩れたとしてもリカバリーが簡単だし、シミなどの欠点は完璧に隠れなくても十分いい感じに。もし、下地だけだと不安なら、肌色補整効果の高いＣＣクリームを使うのも手。厚塗りになることなく、肌色をきれいに整えてくれますよ。

下地、ファンデーション、
コンシーラー、パウダー……
その〝常識〟を疑ってみて！

隠そうとすると厚塗りになる！

シミ＆肝斑はどうすれば!?

老け印象をグーンと上げてしまうのが、
濃いシミや肝斑。ファンデーションで
隠そうとすると厚塗りに…。
その「どうすればいい？」
に答えます！

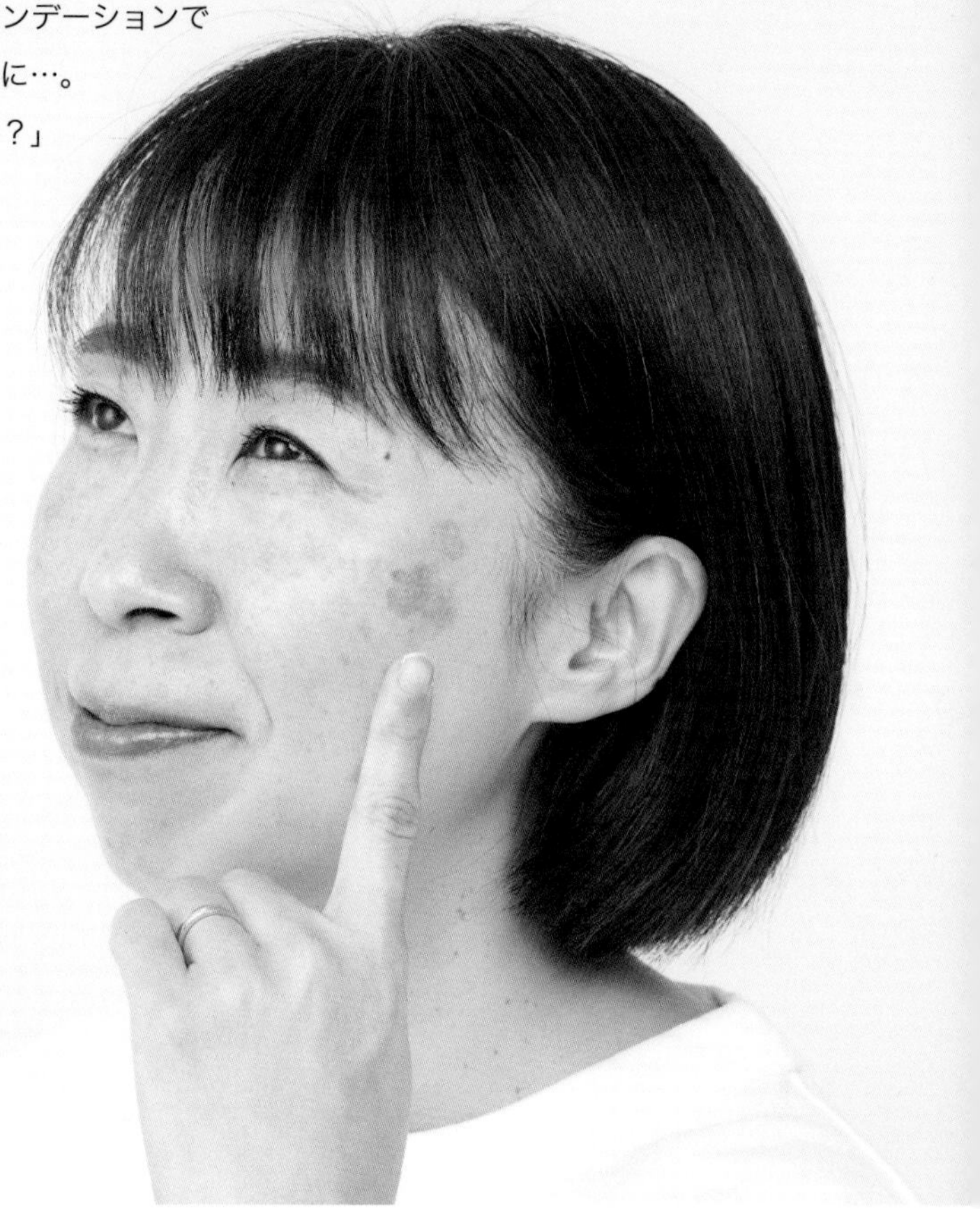

化け子さん、
助けてください

W さん
東京都・50歳

頬の大きなシミ隠しに日々奮闘。美容レーザーで薄くしたものの、40歳を過ぎた頃から再び濃くなりはじめ、どうしたらいいのか迷子になっているそう

やっかいな濃いシミや肝斑を隠すならコンシーラーがマスト。隠したいシミの濃さや肌質に合わせてアイテム選びを見極める必要があるけど、ルールを覚えちゃえば大丈夫。なお、化け子式ではコンシーラーは基本的にファンデ後につけるのがおすすめよ

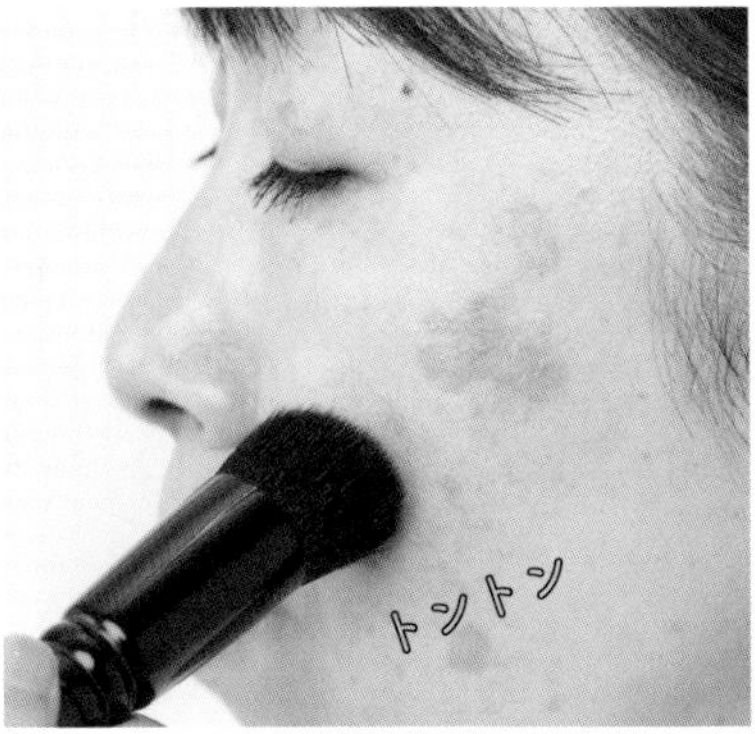

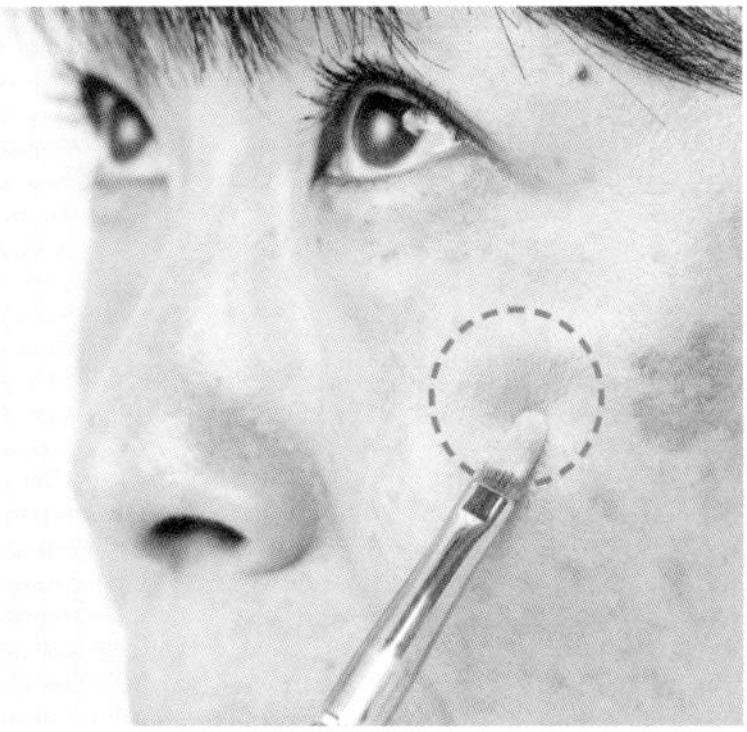

technique 1 もやっと広がった肝斑や小さめのシミはピンポイントで薄〜くカバー

肝斑や小さなシミは、ベージュのコンシーラーにオレンジを少し混ぜて肌に近いトーンにそろえるのがコツ。細筆で気になる部分に少量をのせたら、ブラシを使って軽い力でタッピングしてなじませます

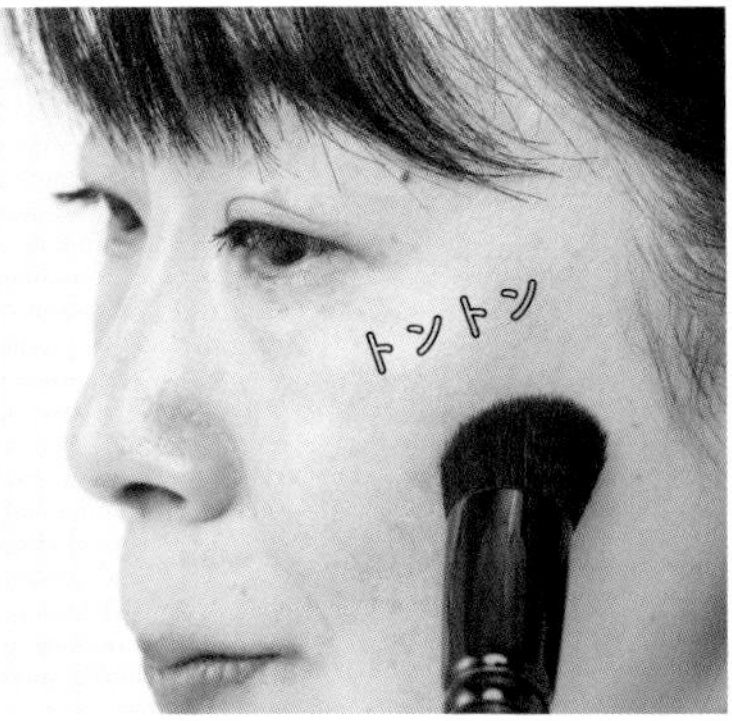

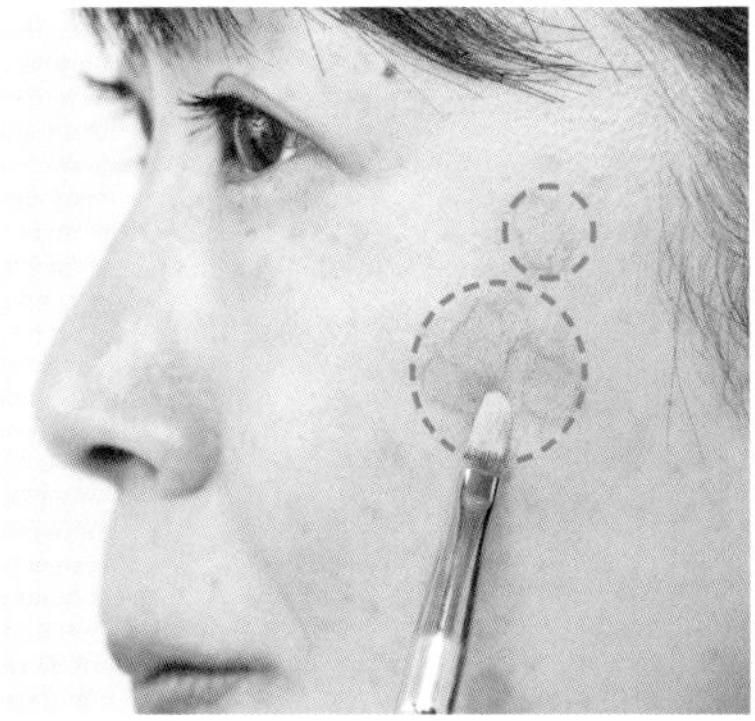

technique 2 濃いシミやクマにはオレンジ系のコンシーラーで赤みをたして打ち消す！

濃いシミは、オレンジを多めに混ぜたベージュのコンシーラーで打ち消して。筆やチップで肌に少量のせたら、上記と同様にブラシを使い、軽い力でタッピングしてなじませます。オレンジは薄黒いクマ消しにも有効です

化け子の
おすすめ！

BAKEKO'S RECOMMEND

シミ隠しのための溺愛アイテム

シミ消しのプロ・化け子が「おおっ！」と思った、
カバー力優秀なコンシーラーやファンデをご紹介。
自分の肌質や肌色に合ったものを見つけてくださいね

1

2

皮脂が多め＆小さなシミには「リキッドタイプ」

水分を多く含むリキッドタイプは、軽やかでのびがよいので薄いシミにぴったり。また、インナードライや脂性肌寄りの人は皮脂でヨレたりするので、リキッドタイプのほうが肌になじみやすいです

1. 濃厚なのにのびがよくヨレにくい。カバーパーフェクション チップコンシーラー 全３色 ¥720（ザ・セム） **2.** 肌にうるおいをもたらす、リキッドタイプ。NARS ラディアントクリーミーコンシーラー 全８色¥4510（NARS JAPAN）

1　2　3　4

濃いシミにはオレンジ、乾燥肌にはクリーム系がおすすめ

濃いシミやクマにはオレンジ系を。自分の肌色に合わせてベージュと混ぜて好みの色がつくれるパレット系は便利です。また、乾燥肌の人はリキッドよりも肌にツヤが残るクリーム系が向いています

1. クマに強いオレンジ系がセットに。& be ファンシーラー 全２種 ¥3850（Clue） **2.** 赤みがやや強めなミディアムカラーが濃いシミをカバー。トーンパーフェクティング パレット 01 ¥4950（コスメデコルテ） **3.** イエロー×オレンジは明るいヘルシー肌に仕上げる優秀コンビ。アンダーアイブライトナー ¥3300（ケサランパサラン） **4.** シミや肝斑までカバーするクリームファンデ。フローレス フィット 全10色 ¥7700（カバーマーク）

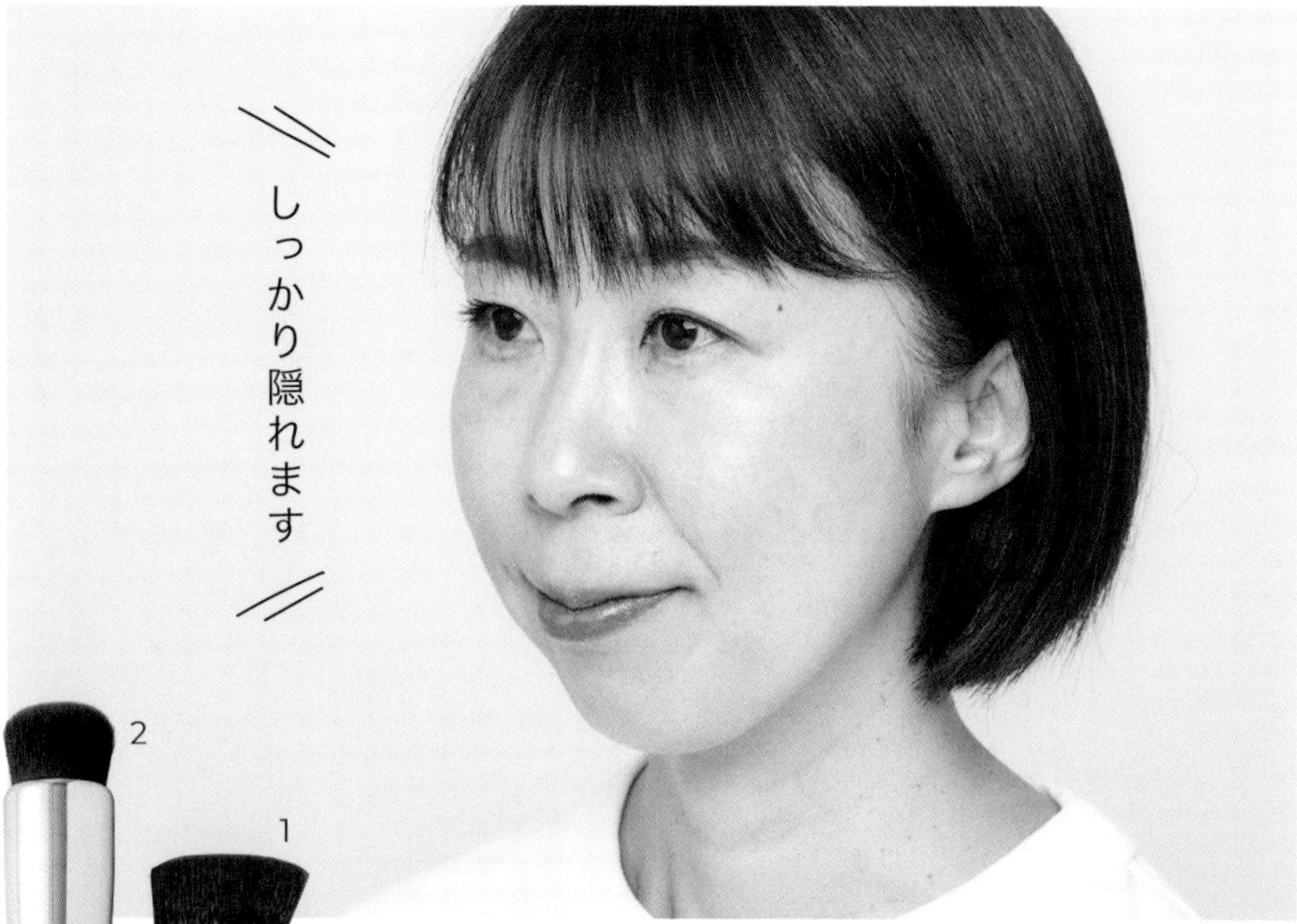

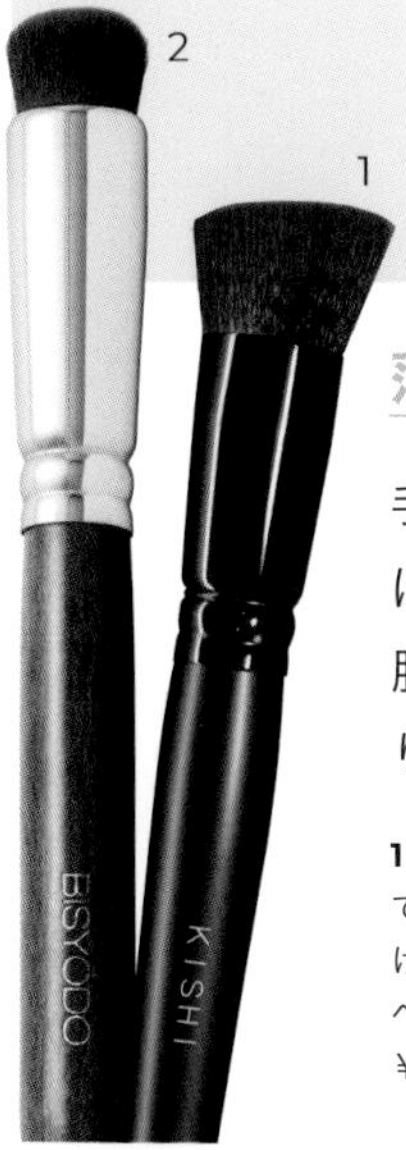

薄づきのためにはブラシがマスト

手やスポンジでのばすよりもブラシ使いのほうが、ムラなく薄くのばせて、ピタッと肌に密着します。タッピングしやすい小ぶりで肌あたりのいい毛質のブラシを選んで

1. キューティクル加工した人工毛で滑らかな肌触り。初心者でも使いやすい。KISHI ファンデーションブラシ￥8800（化け子ショップ） **2.** ベルベットのような毛質。コンパクトなヘッドでクマ消しに最適。タッピングコンシーラーブラシ￥5280（ウエダ美粧堂）

色素沈着には？

こするなどのクセによって茶色くくすんだ色素沈着は、ベージュにイエロー系のコンシーラーを混ぜて使うと効果的。なお、目周りは皮膚が薄いので、コンシーラーは薄く重ねてタッピングを

絶妙な４色セットで、色素沈着などの肌悩みをマルチにカバー。シャレナ カバーファンデーション アソート ￥1650（三善）

化け子印の心の特効薬♥

COLUMN

読むサプリ

KEYWORD:

ネガティブオバベの迷路にハマったら…

用法容量を正しく守ってお読み下さい

一度見直してほしいのがファンデの色。「昔からこの色だから」と、データを更新しないと、今のオバベ肌とミスマッチを起こしかねません。よく「首やエラに近い色がいい」と言いますが、オバベ肌はくすんでいるので安易に合わせると危険。顔全体が暗く見える〝くすみババア〟になります。その逆に、肌をトーンアップしたいからと、白っぽい色を選ぶと白浮きオバケに…。オバベ肌にしっくりくるのは、自分の肌の明るさにほんの少し赤みがプラスされた色。多くの人は標準色のオークル系になりますが、メーカーによって色みに差があるので、いろいろ試して赤みがやや強いものを選ぶとベター。もし、見つけられなかったら混ぜてもOKです。肌色がきれいになると、気分もアガりますよ！

くすみババアにならないために…

PART 3

お風呂前こそ
オバベと
仲良くなる冒険を

ポイントメイクだって、
オバベ肌に似合う色選びや
入れ方があるんです。
クレンジングをするお風呂の前に、
自分に似合う「好き！」と思える
メイクを探す冒険へ出かけましょう！

どうせ洗っちゃうんだから、お風呂前にがっつりメイク

ベースメイクと同様、オバベになると悩むのがポイントメイク。年々、顔のフォルムや肌のトーンが変わっているオバベは、これまでのメイク法が似合わなくなっているケースがほとんど。たとえば黒いアイラインを引けば目が大きく見えると思ったら大間違い。入れ方によっては目が小さく見えることもあるんです。

ずっと同じメイクをしてきた人ほど、いつもの顔に見慣れているからメイクを変えるのは勇気がいるけど、**いったんこれまでのやり方を捨てて、新しいメイク法を試してみるのも脱オバベには必要。**自分には似合わないと思っていたくすみ色や鮮やかなチークが今のオバベ肌にぴったり…！　なんてステキな巡

り合いの可能性だってあるんだから。

　自分史上最高のメイクを見つけるためにも、お風呂前は思いきっていろいろ試しちゃいましょう。どうせクレンジングで落とすし、外に出るわけではないしね。いつもと違う場所にアイラインを入れてみる、気になった新色を試してみる…。すると「おっ、このライン、イケてるかも!?」「この色、スキ！」なんて出合いがあるかも。**自分専属のヘアメイクは、ほかでもない自分自身。**今日の気持ちに合わせて好きなメイクができるようになったら最強です！

現状のメイクに満足してないなら、
今までやったことのない
メイクにトライを！

Eye Make

平行眉で老化に備える

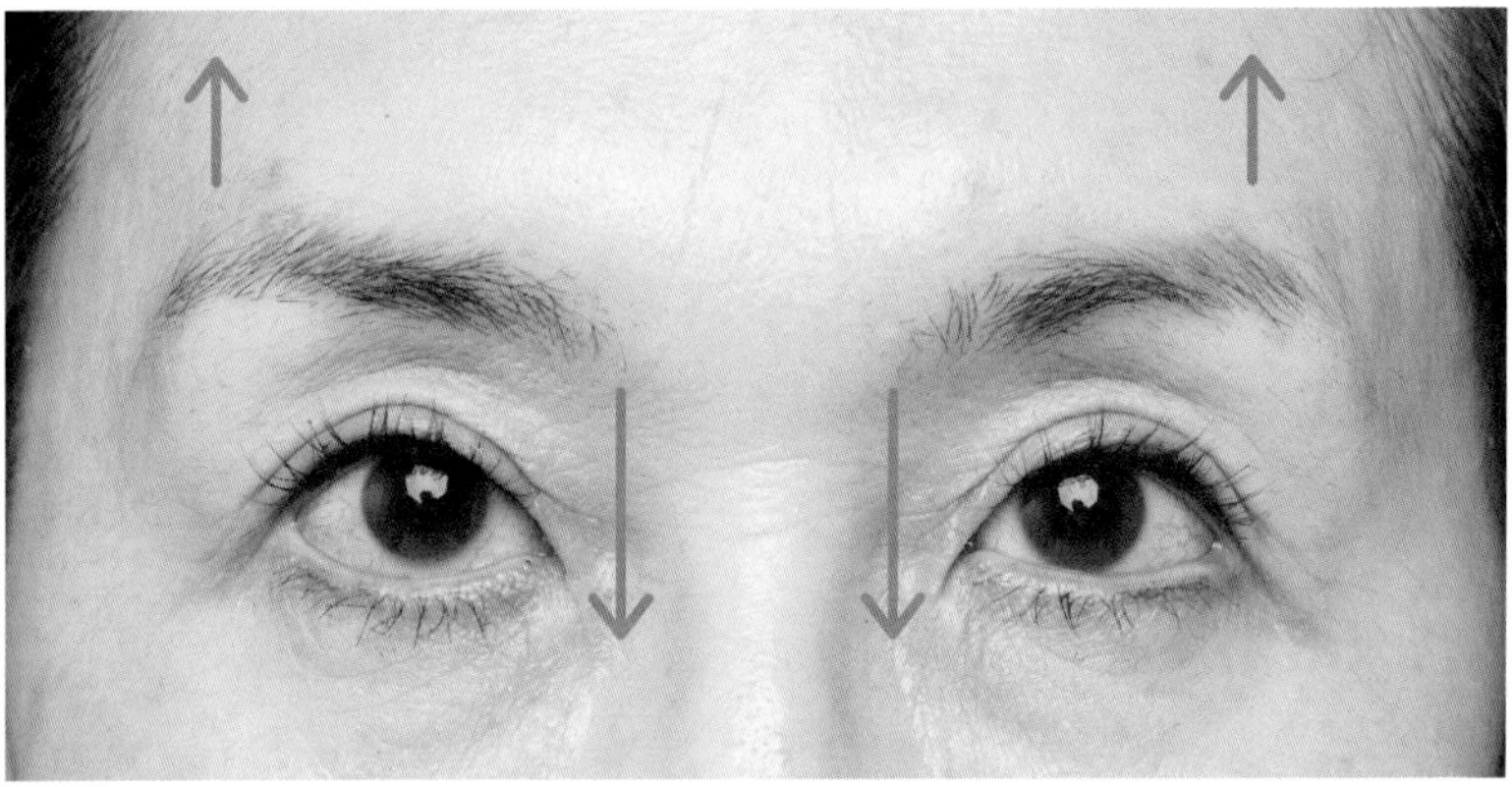

表情筋が衰えると、
どんどん***怒り***眉毛に！

40代の後半から表情筋が衰えたり、目を細めたりするくせの蓄積で、眉頭が下がってきます。そのため普通の表情をしていても眉山だけがせり出した、怒っている印象の眉に変わってくるのです。オバベ世代になったら眉山を上げすぎない平行眉の描き方の練習を。平行眉は流行りではなく、オバベの顔を優しく見せる効果があるのです

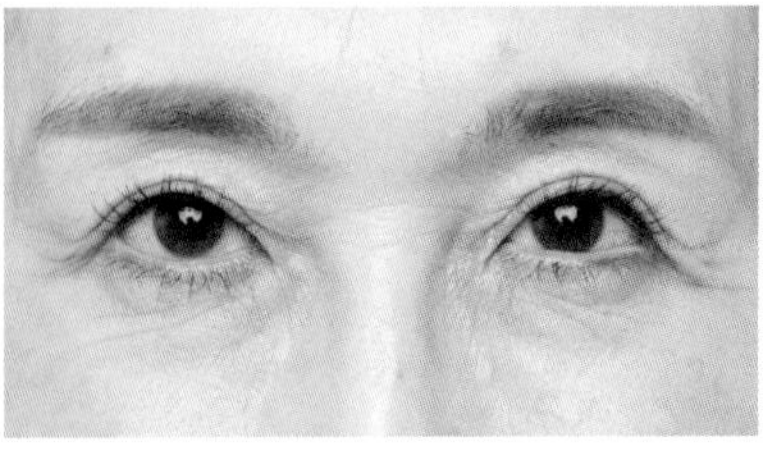

平行眉だと
老けて見えない

How To Make!

重力に逆らって！ 平行眉の描き方

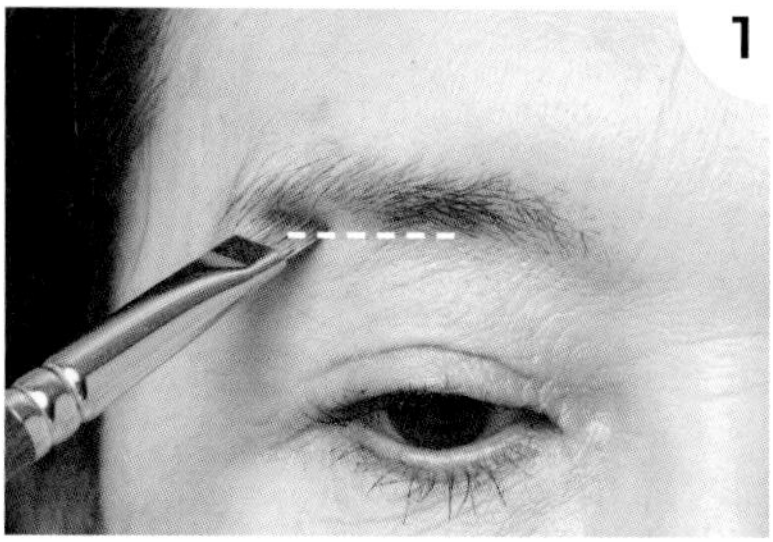

眉尻の下側を埋める

スクリューブラシで毛流れを整えたら、眉中央〜眉尻下側の眉の下がっている部分をアイブロウで描きたします。ラインを引くのではなく、パウダーでふんわりと埋めるようにして

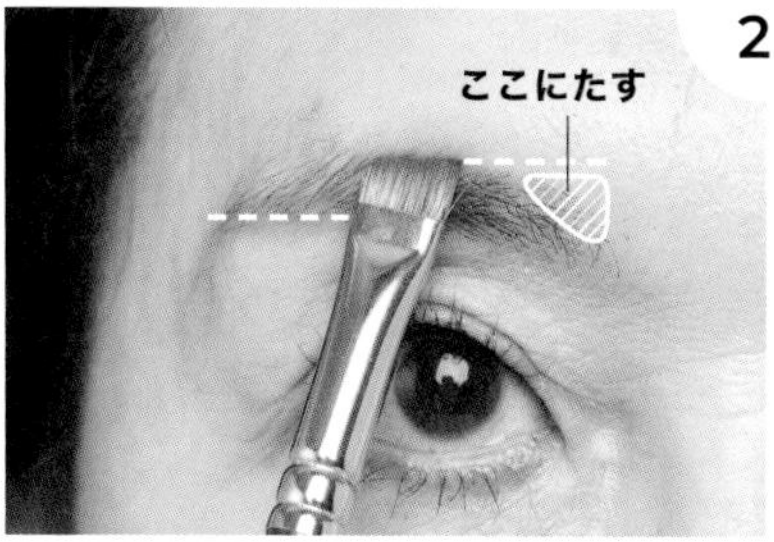

眉頭の上側を埋めて、眉尻まで平行ラインをつくる

落ちてきた眉頭上側の部分をペンシルかパウダーで埋めます。さらに眉山がなだらかになるよう眉尻の上側にもカーブを描きたして、眉尻までのラインを平行に近づけます

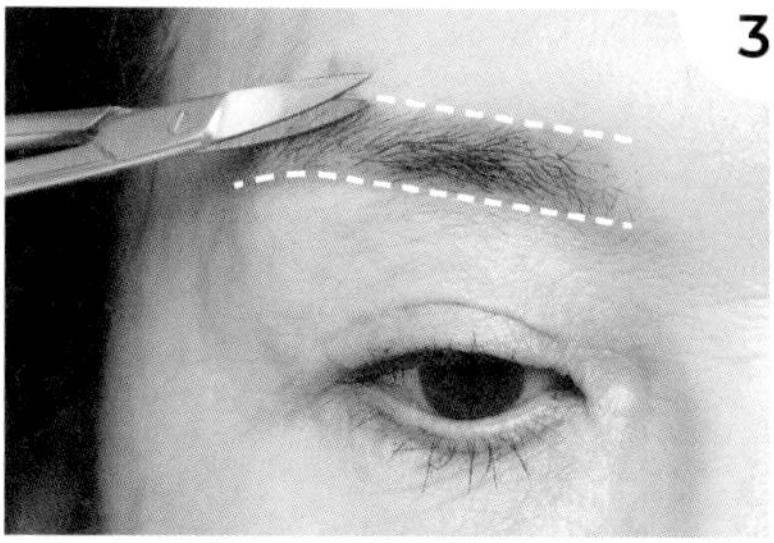

平行ラインの中を埋めたらハミ出た毛を処理する

左右のバランスを見ながら、眉山をチェック。もし、怒り眉で眉山がとんがっている場合は、はみ出している部分をカットするかコンシーラーを使って消し、全体の形を整えます

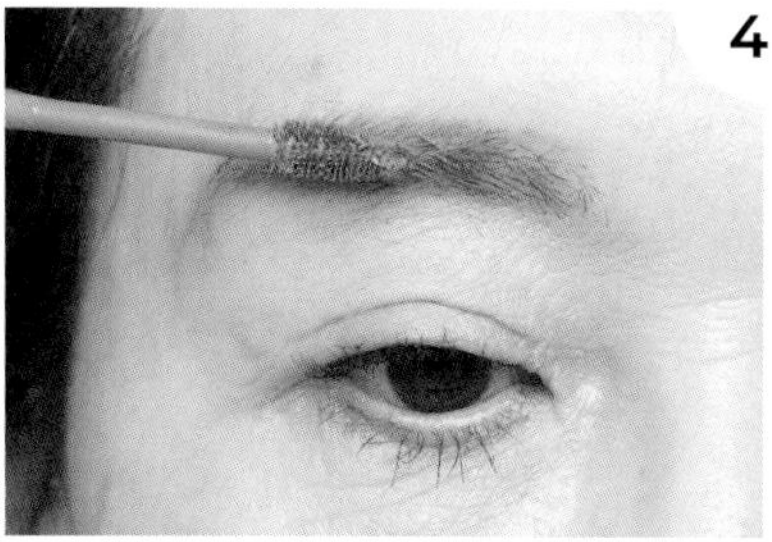

眉マスカラを塗って色のトーンを合わせる

形が整ったら、最後は眉マスカラで色のトーンを合わせます。赤みのあるブラウン系を入れると、柔らかい印象に。赤みの効果でくすんだ肌の血色もアップしたように見えます

Eye Make

教科書メイクはたるみを強調！

おすすめアイライナー

年齢とともにまぶたがくぼんで垂れ下がり、目元がぼんやりしてきます。そんな目元を黒＆太めのアイラインと、ブラウンのアイカラーで彩るのはご法度！ 色の引き締め効果でオバベ世代は目が小さく見えてしまいます

赤みブラウンのアイライナーが◎。（右から）メズモライジング パフォーマンスアイライナーペンシル N　TS03 ￥3300（THREE)、キャンメイク クリーミータッチライナー 07 ￥715（井田ラボラトリーズ)、ケイト　スーパーシャープライナー EX 3.0 BR-2 ￥1320〈編集部調べ〉（カネボウ化粧品）

教科書メイク ▼　　**脱！教科書メイク** ▼

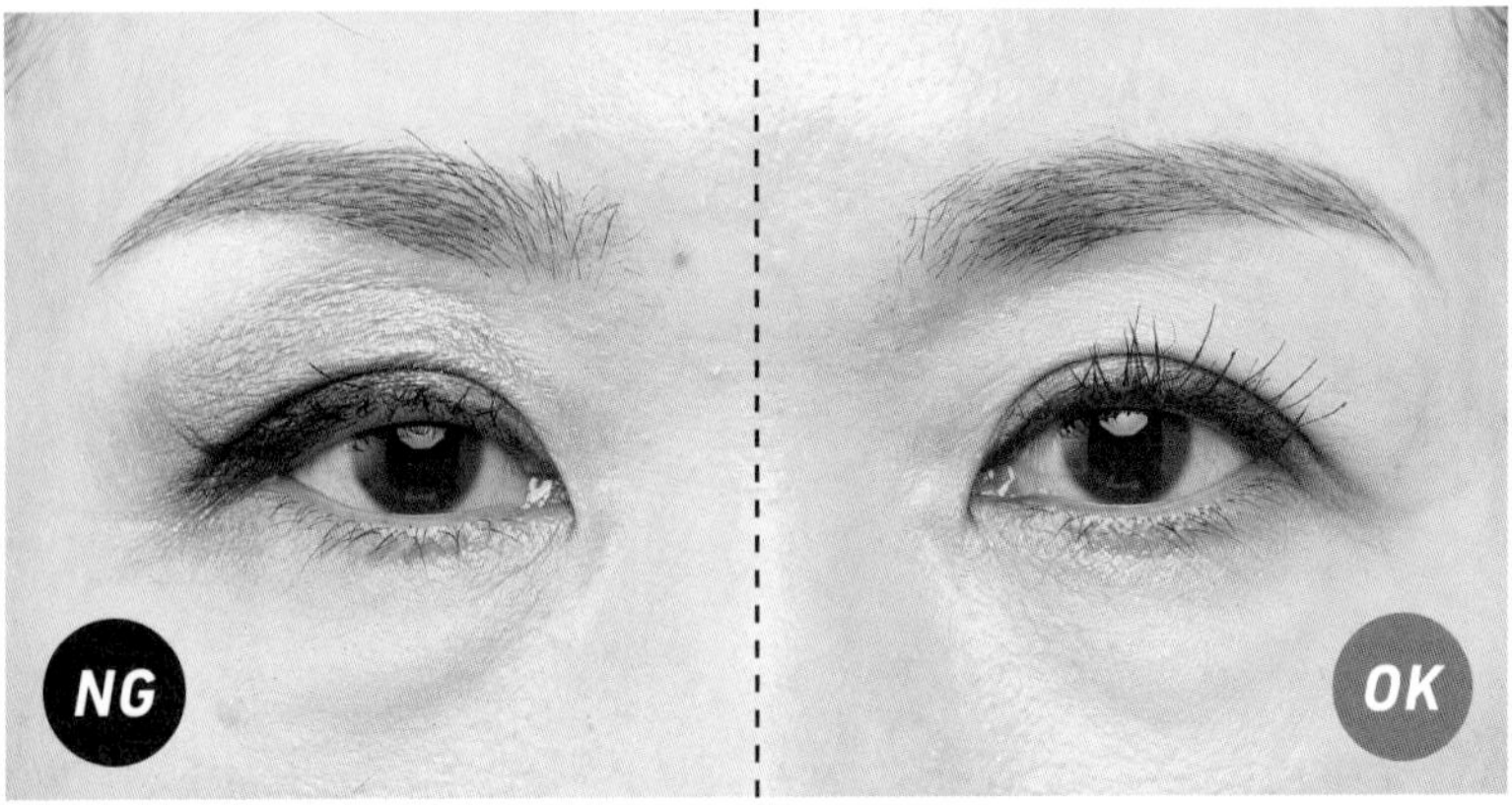

目を大きく見せるためアイホールにブラウンを塗り、太めの黒のアイラインに黒のヒジキマスカラ…。さらに彫りを深く見せようとして眉尻下にハイライトを入れる昭和の教科書メイクは目のくぼみ＆たるみを強調する結果に！

How To Make!

脱！教科書メイクのポイント

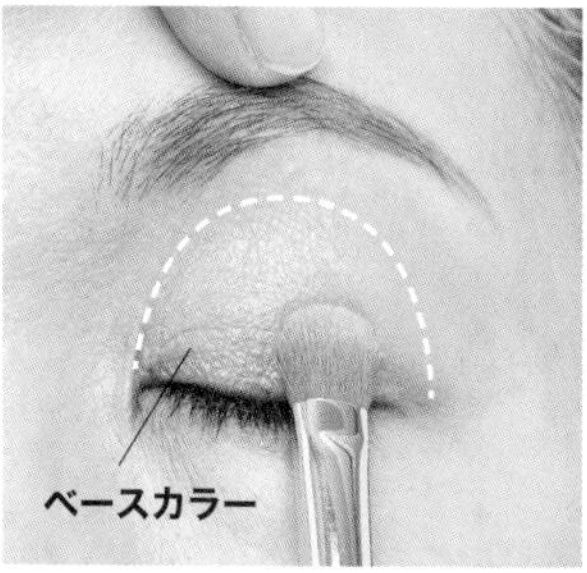

明るい色はアイホール全体に塗る

くぼんでくすんでくる目元に必要なのは、くすみと同化しないキレイめの色。まずは明るめのベースカラーをアイホール全体に入れます。まぶたを引き上げながら塗るとシワにアイカラーが入り込まず、色だまりを防げます

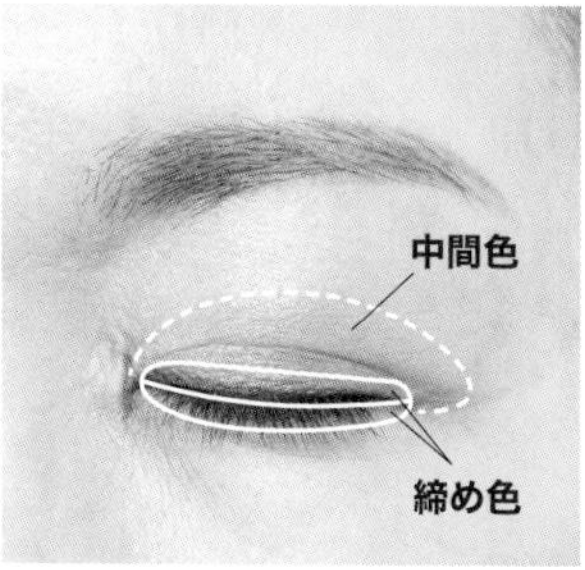

中間色は目のフレームに、締め色はまぶたのキワに入れる

中間色を目のフレームに合わせて入れ、さらにまぶたのキワに入れたアイラインをぼかすようにして締め色を入れて自然になじませます。締め色で目尻を強調しすぎると垂れた印象になるので、目尻側には入れすぎないのがポイント

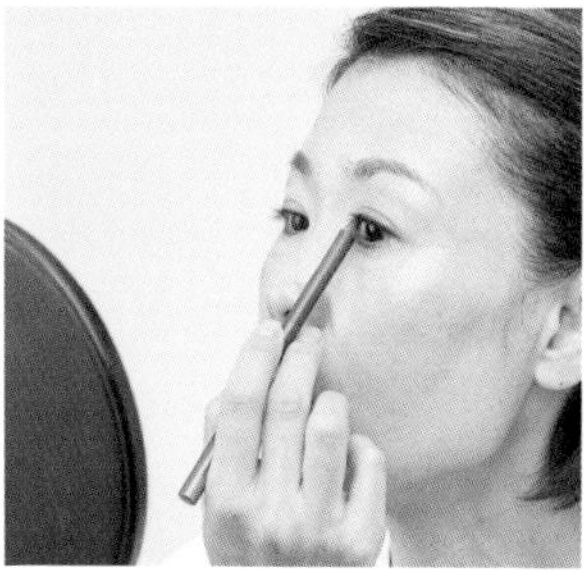

アイラインで目をくっきりさせる

まぶたが垂れて直線的になった部分は、少し太めのアイラインにして目に丸みをプラス。さらにまつげの間を埋めるようにしてインラインを入れます。インラインは鏡を下にし、のぞき込むように入れると描きやすいです

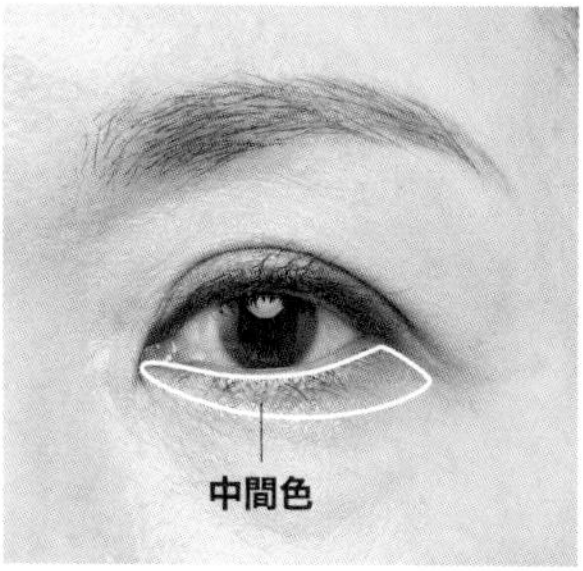

下まぶたには中間色を入れる

下まぶたのキワに目のフレームを塗った中間色を入れます。とくに目尻側は太く入れて目の位置を下げると、年齢とともに間延びしてくる輪郭を短く見せる効果も。最後は、カーラーでまつげを上げ、マスカラを塗って仕上げます

Eye Make

ギンギラギンはさりげなく…

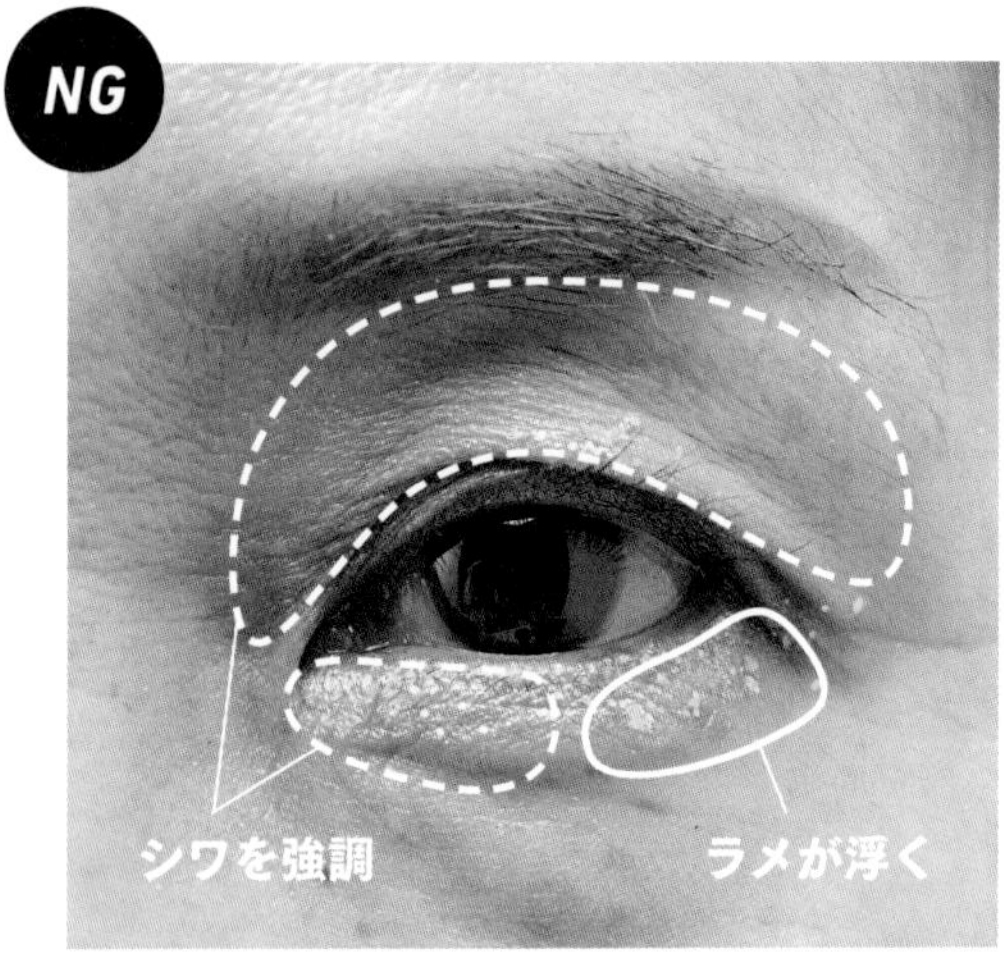

ギラギラパールを塗ると
小ジワが目立ってラメも台無しに

パールやラメはシワを飛ばすと言うけれど、入れる場所や質感、量を間違えると逆に老けた印象に…。これが光の罠。涙袋に入れすぎると目の下の影が強調。また、ちりめんジワに入り込めばシワが悪目立ちします。パールやラメのギンギラギンは、さりげなく…よ！

How To Make!

おすすめは、ツヤ見えしてくれるパール

ピカピカ光りすぎる大粒ラメや、オーロラに偏光する派手なパールではなく、肌にさりげなくツヤをたす、品のいいものを選んで

細かく上品なパールで普段使いしやすい

パールで選びたいのが、ほんのり赤みがかったナチュラルな色づきの微細なもの。乾きがちなまぶたにみずみずしいツヤをプラスしながら、ほどよい血色感でくすんだまぶたをふっくら＆自然にトーンアップ！

エクセル　スキニーリッチシャドウ　SR06 ¥1650（常盤薬品工業）

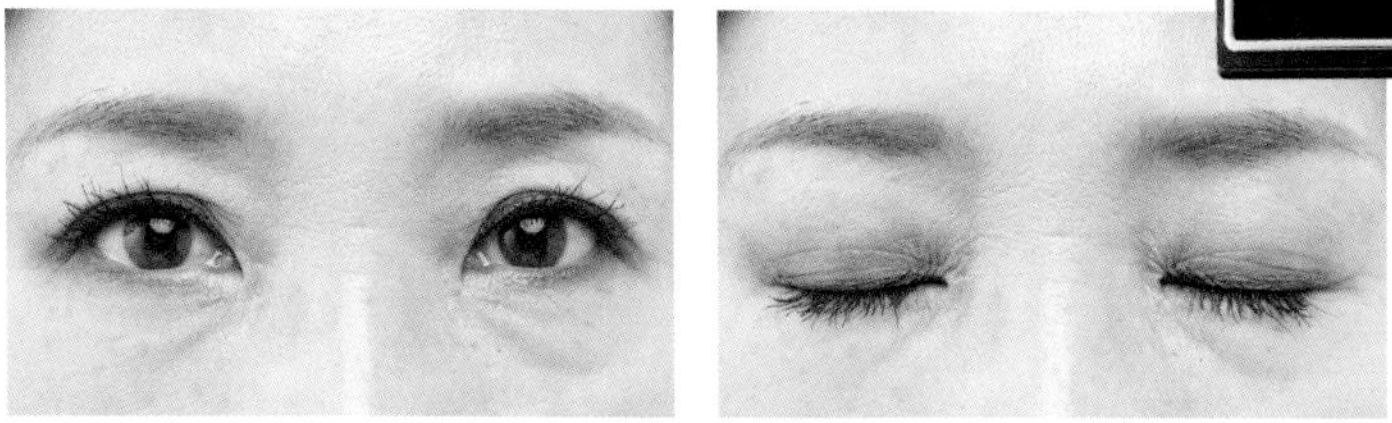

塗ってみた！

明るいカラーで血色感をプラス

リッチなパールはシワに入り込みにくいうえ、華やかに仕上げる効果が高いので、オバこそポイント使いを。選びたいのは、くぼんでくすみがちな目元にヘルシーな血色をプラスする暖色系。締め色もあえてくすみピンクで明るいものを使うと、優しげなまなざしになれます

ニュアンス オン アイシャドウ 02 ¥748（セザンヌ化粧品）

塗ってみた！

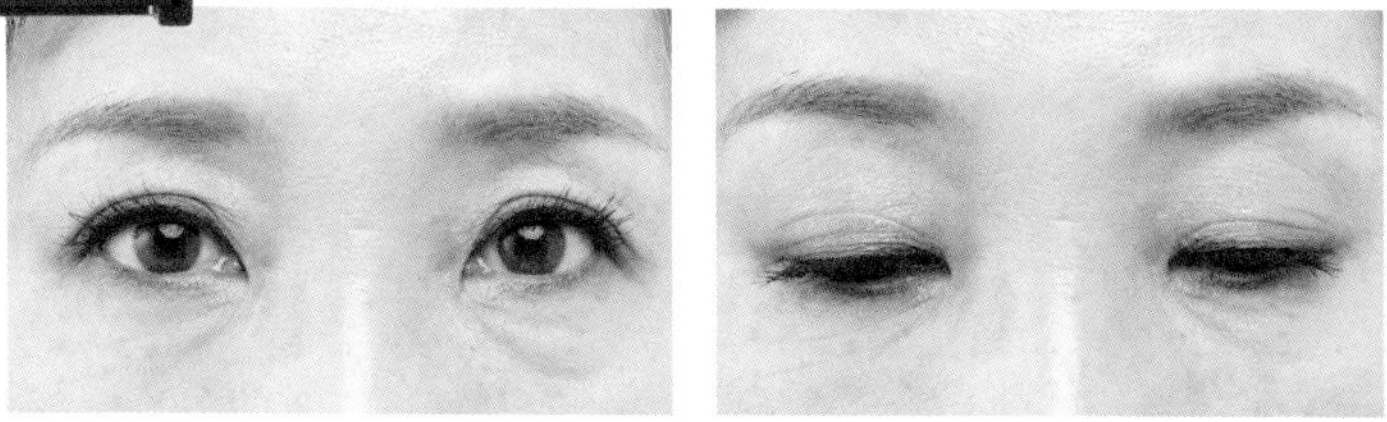

Cheek

〝おてもやん〟でOK!
ふわっとチークの入れ方

チークは、くすんで疲れ気味なオバベの肌をひと塗りでイキイキとした印象に変える魔法のようなアイテム。使わない手はありません。ゴルゴラインや頬のコケの影を強調しないように楕円の〝おてもやん〟風にかわいく入れるのがコツよ!

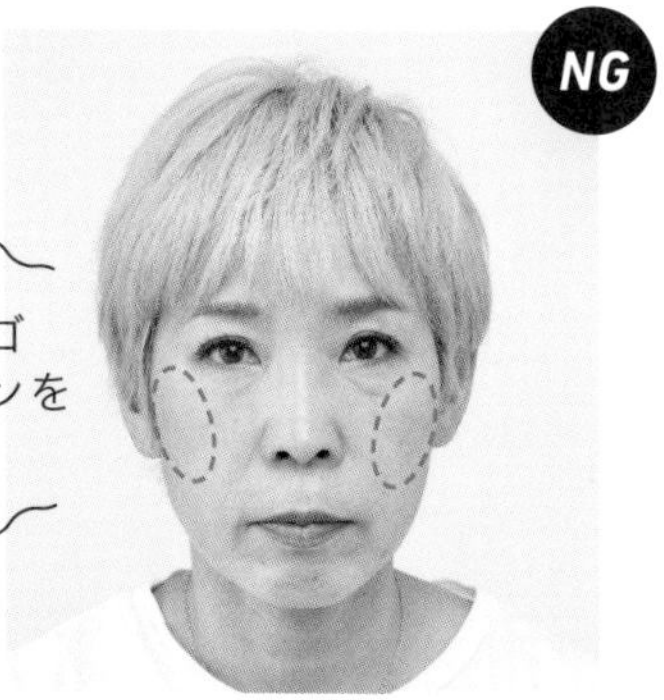

ゴルゴ
ラインを
強調

教科書どおり、
頬骨に沿って入れると…

たるんだ頬を引き締めようと、くすみカラーのチークをシェーディングのように入れると、ゴルゴラインや頬のコケの凹みが強調。疲れて見えてオバベ化が加速します

明るいピンクチークをふわっと横に入れる

濁りのない明るいチークを、ゴルゴラインのしっぽにあたる凹みの近くに"おてもやん状"に楕円で入れると、頬が持ち上がったようなイキイキした印象に

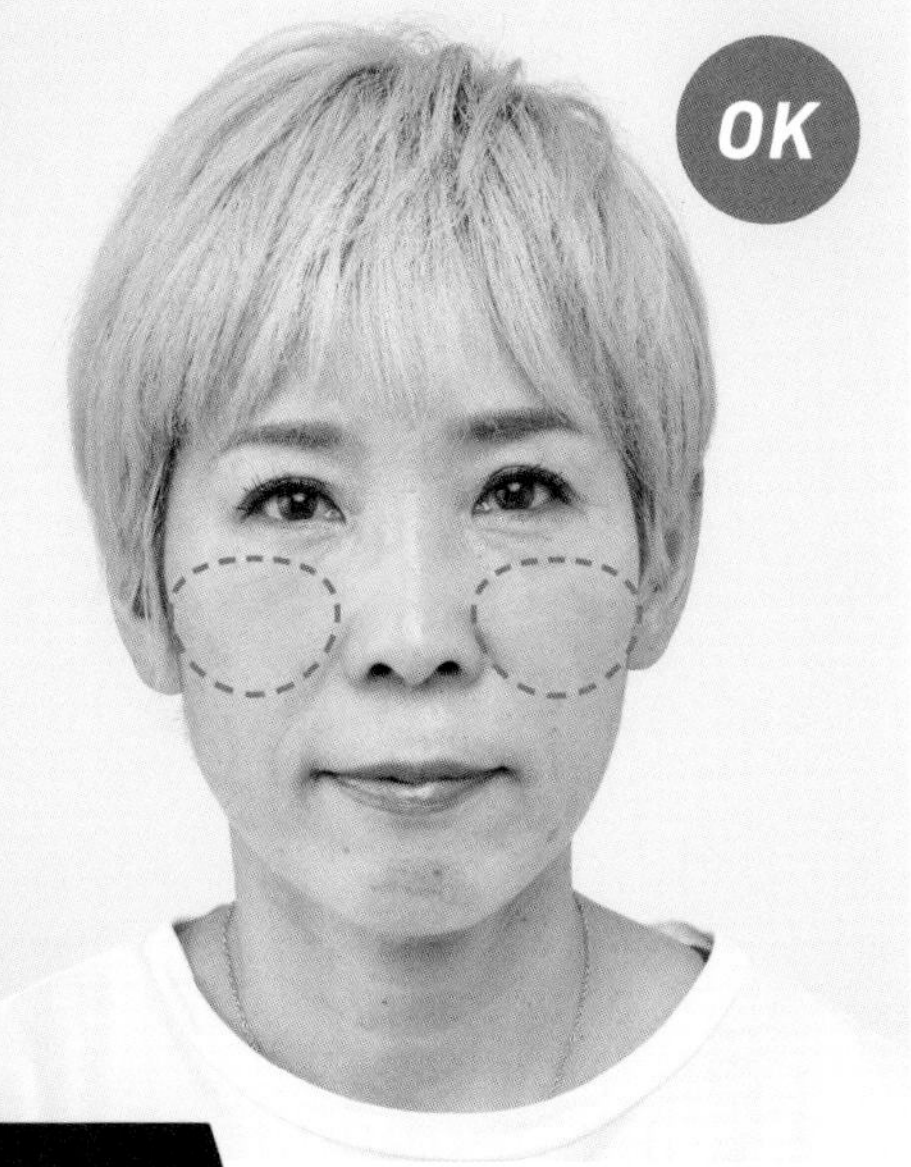

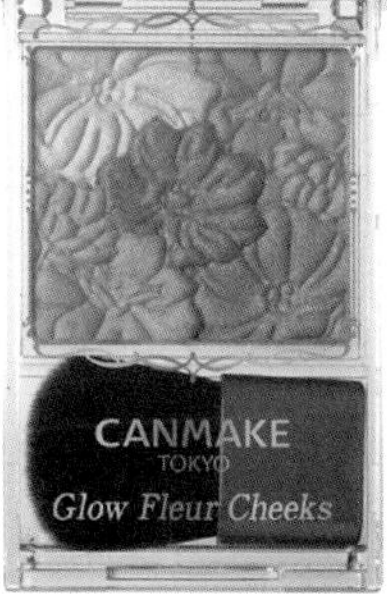

右／ブロウンアウェイ ブラッシュデュオ 01 ¥4180 (THREE)、左／キャンメイク グロウフルールチークス 02 ¥880（井田ラボラトリーズ）

おすすめの
ピンクチーク

内側からふんわり色づくようなものを選びましょう。おすすめは微細パールを含むクリアな発色の「かわいい色」です！

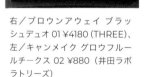

Lip

オバベの口紅は
くすみ色がベスト

明るめリップだと、
なぜか肌がどんより…

オバベ世代が明るい色のリップを選ぶと、その明るさがくすみ肌を悪目立ちさせ、どよ〜んとした雰囲気に！ 大人が選びたいのは、くすみカラー。肌から浮かず、肌色をトーンアップしてくれますよ

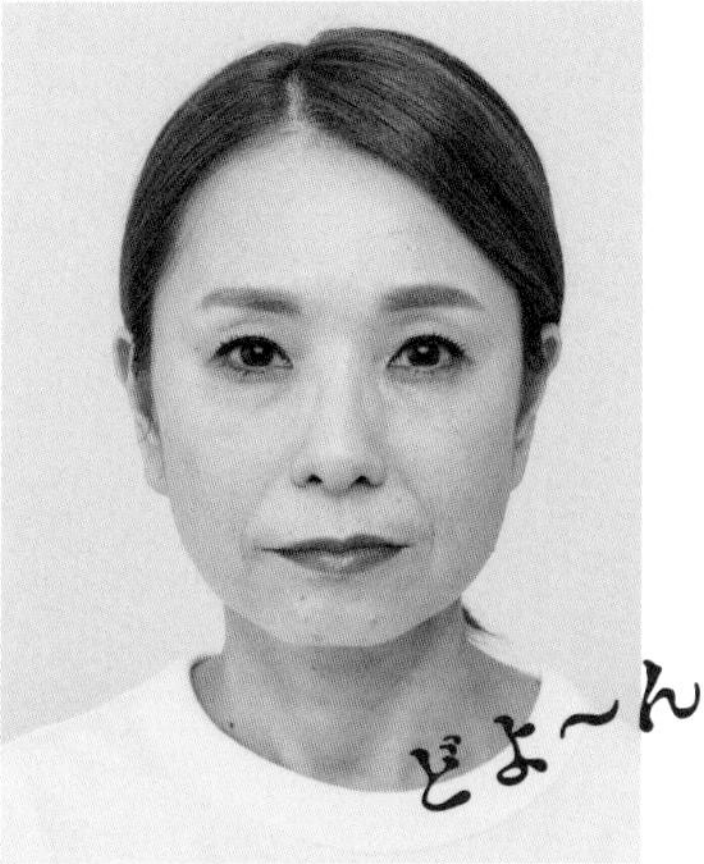

口紅の3タイプを知っておこう

TYPE ① マットタイプ

ツヤのない質感のこと。シアーほどのツヤはありませんが、ベルベットのような上品なツヤがあるものがほとんど。高発色でしっかり色づくので、きちんとメイクしたいフォーマルなシーンにも向いています

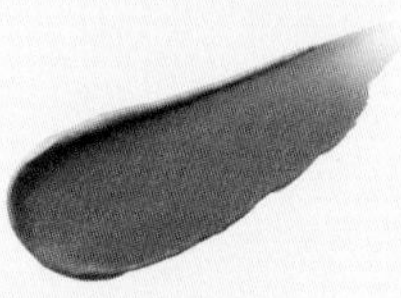

TYPE ② シアータイプ

シアーとは「透き通った」という意味があります。のばすとスーッと肌になじむほど透明感が高く、重ねても濃くなりすぎないので、ナチュラルな仕上がりに。ツヤがあるので、唇がふっくらして見えるうれしい効果も

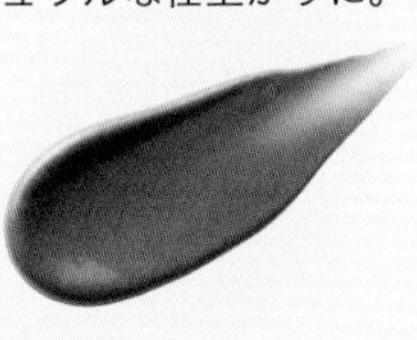

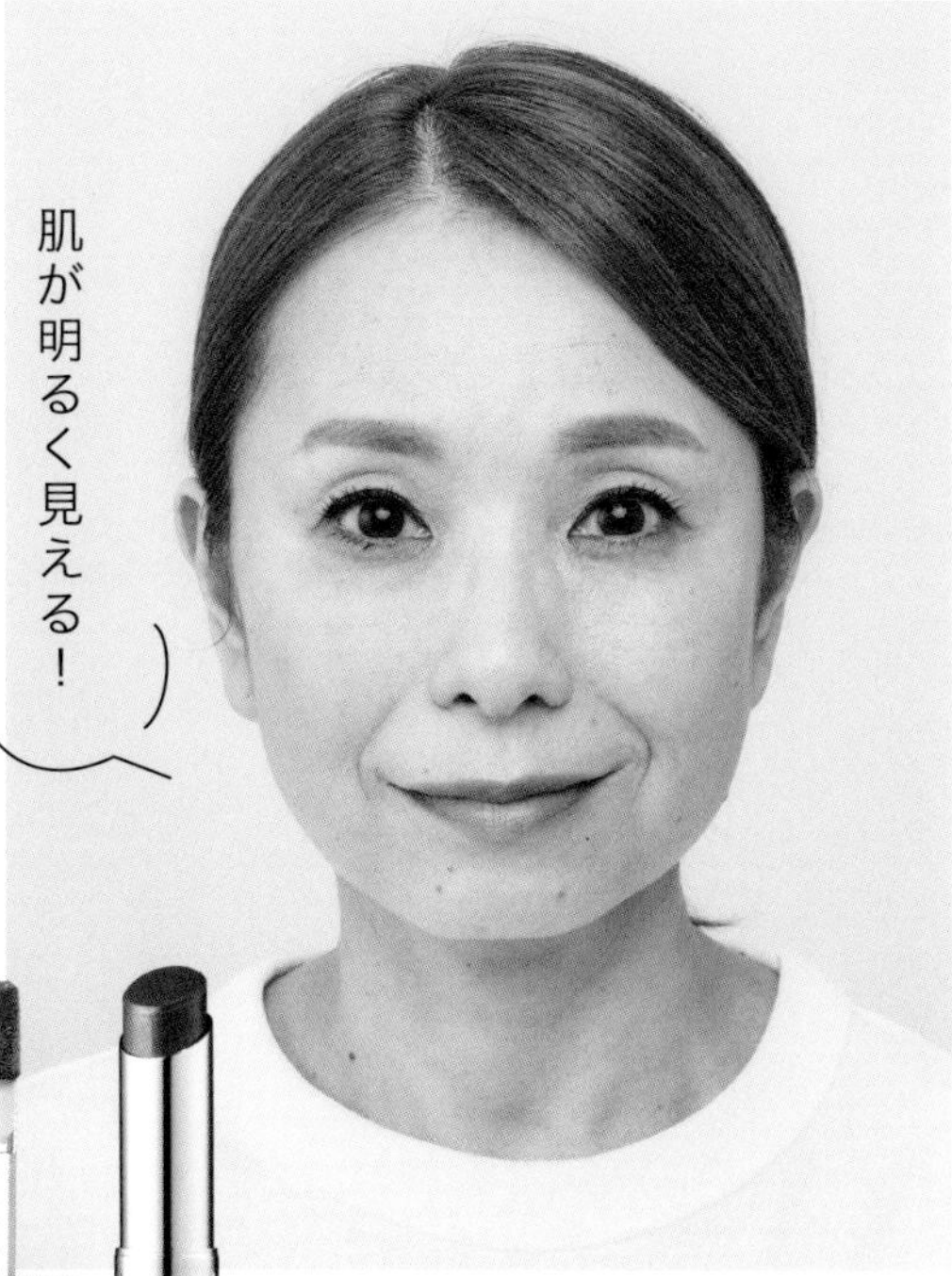

リップラインをなじませるとさらによし

オバベ世代は、鼻の下が伸びて上唇を巻き込んだ形になるので、リップラインを無理に取ろうとすると「ザ・昭和テイスト」に。とくに上唇は指でポンポンとアウトラインをぼかして曖昧にするとバランス◎

バーガンディ、ブラウンのような落ち着いた色は、肌になじむ＆血色感を与える優秀色。右／オペラ リップティント N 13 ¥1650（イミュ）、左／b idol むっちリップ R 02 ¥1540（かならぼ）

オバベ世代が覚えておきたいリップの質感は、主にこの３つ。それぞれの特徴を知っておくと、リップ選びに悩みません。質感まで楽しめるようになれば上級者！

口紅を塗る前に！
リップケアも効果的

乾いた唇にそのまま口紅をのせるのはNG。リップクリームや美容液でのケア＆地ならしで、仕上がりもツヤツヤに

リップケア、下地、グロスと３役が。ライスフォース リップセラム 8g ¥1650（アイム）

TYPE ③ クリーミータイプ

大人の乾き気味な唇に合うのが、なめらかな質感でシアーより発色するクリームタイプ。保湿効果が高く、唇にしっかり密着します。ツヤ感があるので、シアーよりも色づけたいときにおすすめ

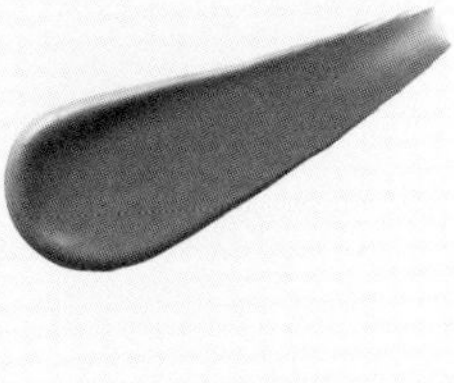

化け子印の心の特効薬♥

COLUMN

読むサプリ

KEYWORD:

プチプラでもいい！好きなコスメを見つけよう

用法容量を正しく守ってお読み下さい

アイカラーパレットはいつ買ったものかわからないし、なにが合うのかわからない――そんな声をよく聞きます。長年自分のことはあと回し。メイクなんて…と遠ざかっていた人ほど、自分のためにコスメを買うことを躊躇《ちゅうちょ》してしまいがちなのよね。でもね、今の自分を変えたかったらメイクアイテムをブラッシュアップしていかないと。

さぁ、昔使っていた古いコスメは捨てて、新しいコスメを買いに行きましょう！ドラッグストアで売っているプチプラで全然ＯＫ。プチプラなら流行の色が気軽に試せますよ。それに最近のコスメは進化してるから、驚くほど肌なじみがいいものがいっぱい。まずは自分のために好きなコスメを選ぶことから。そして気持ちの変化を感じてみて！

自分の好き！を
たくさん見つけよう

PART
4

減量じゃなくてボディメイク

オバベ肌に顔以外から
アプローチする有効な方法が
ボディメイク。食事の見直しや
運動でオバさん体型を脱出すると、
たるんだオバベ肌は引き締まり、
糖化してくすんだ肌でも明るくなり、
ツヤや血色も戻ってくるんだから〜

化け子56歳、
ボディメイクします！

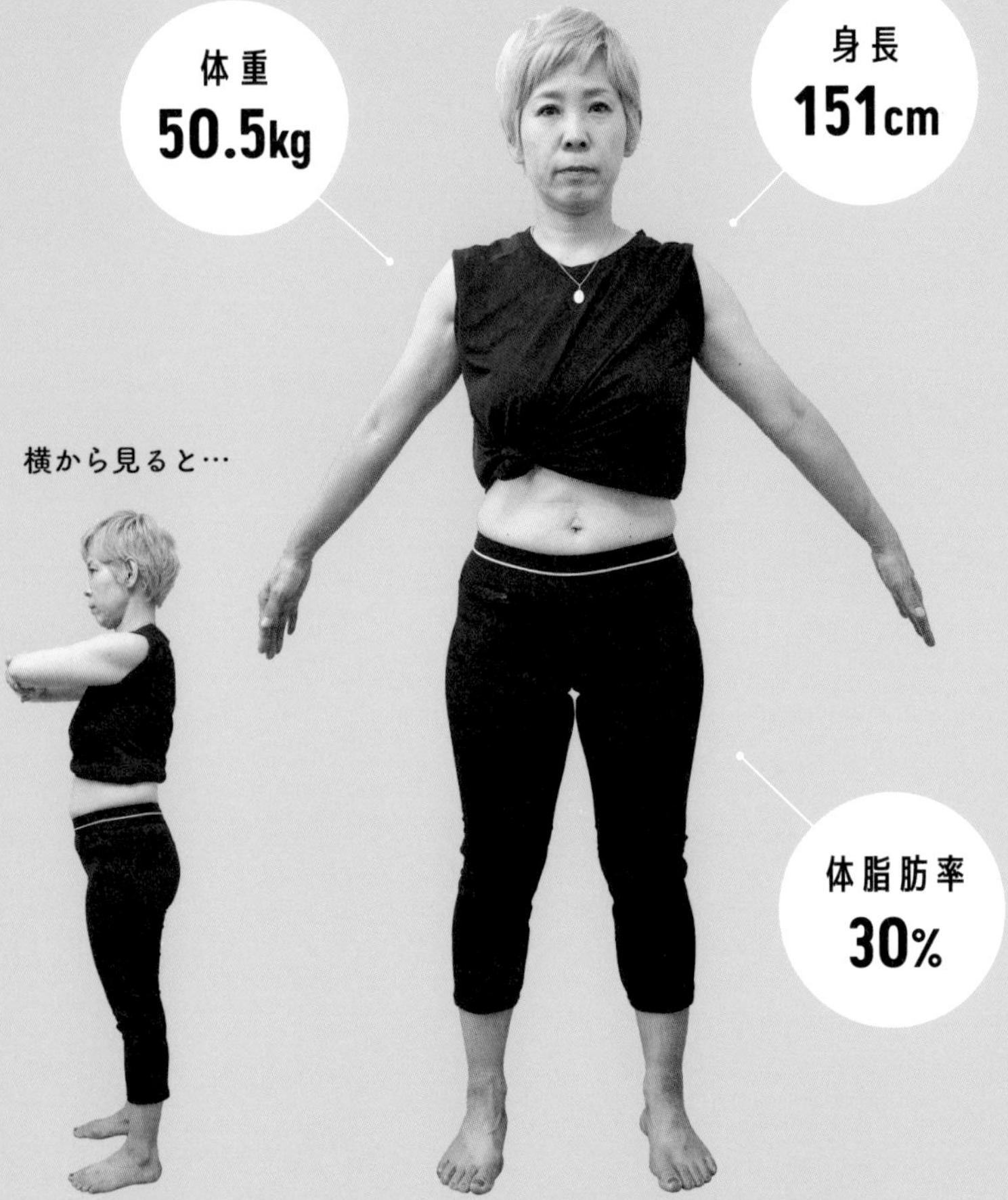

典型的なオバさん体型！

背が低くて、顔が小さいから、それほど気づかれないんだけど、「私、脱いだらすごいんです！」…。この、どすこい体型こそが、オバ見えの原因だったなんて〜！（涙）

アラフィフ世代にとって美しさ＝健康！

オバベ肌をスキンケアやメイクで解決する方法だけでなく、根本的に変えるならボディメイクの観点から切り込む必要があるって、あるとき気がついたの。目的はズバリ、体の中からきれいになること。**下手なダイエットは頬がげっそりしてオバベが加速する**こともあるけど、健康的なボディメイクならプラスになることばかり。**体が引き締まると、頬のたるみやあご周りがすっきりして若返ったように見える**し、運動で血流がよくなると、クマやくすみが目立たなくなってくる。それに、ボディメイクによる変化は見た目にもわかりやすいので、メイクで細部磨きに注力するよりも、オバベ印象をガラッと変える効果大です！

化け子はお菓子が好き…

現場には常にお菓子がいっぱい。甘いものが好きな化け子はついつい手が…。忙しい現場ではロケ弁を早食い。その蓄積がすべて脂肪に！

MISSION:6

全身のバランスをチェック

ボディメイク部、始動！

ついてきてくださいね！

はは～っ！

オバべ世代は、代謝が低下してやせにくくなっているもの。それなのに極端な食事制限のダイエットは筋肉を落とし、やせにくくなる結果に。また、私たちは普段重力に逆らって生きてますが、筋肉が落ちるとピンとした姿勢を維持できなくなり、見た目にもよくありません。脱オバべには、食事と運動の両輪でボディメイクを進めていくことが基本です！

教えてくれたのは…

パーソナルトレーナー
イトウさん

化け子のYouTubeも担当する動画カメラマン。大手スポーツジムのトレーナー経験から今回ボディメイクをサポート

糖質or脂質 どちらかがオーバーしている人が多い

多くの人が糖質か脂質を摂りすぎで、逆に筋肉の材料となるタンパク質は不足しがちです。三大栄養素のタンパク質、脂質、糖質（炭水化物）はバランスよく。栄養が十分摂取できていると、お菓子への欲求も減ります

from Ito Coach
タンパク質が不足気味。プロテインの活用もあり

食べる量だけでなく食べる順番が大事

from Ito Coach
食べるスピードにも注意

代謝が下がっている世代、食べすぎてないか量を見直して。また、炭水化物から食べ始めると血糖値が上がり、太りやすくなります。野菜から食べ始めるベジファースト＆ゆっくりよく噛んで食べる、を心がけましょう

食事管理アプリで記録をつけると◎

摂取カロリーや栄養バランスを知るために食事管理アプリを活用してみましょう。また、食べたものを消化させるには、次の食事まで時間を空けることが大事。それを管理するにもアプリが便利です

from Ito Coach
食事と食事の間は6時間空けるのを意識して

\ おうちでできる！ /

脱オバさん体操

化け子＆モニターで、1日30分の運動を毎日実行。
数ある運動の中でとくにおすすめの、筋肉を効率よく鍛える2つを紹介します

NG

ひざがつま先より前に出たり、背中が丸まったりすると、前ももに負担が。顔を前に向け、お尻ともも裏に効かせるように意識して

下半身の筋肉を使うから
カロリー消費量も抜群！

万歳スクワット

1

両足を肩幅に広げ、両腕を上げる

両足を肩幅に開き、万歳をしてスタンバイ。腕を上げることで肩周りの筋肉が伸び、猫背などの不良姿勢の改善にもプラスに働きます

2

お尻を後ろに引き、腰を落としていく

股関節を曲げ、イスに腰かけるつもりで、お尻を後ろに引きながらゆっくりしゃがみます。かかとに重心を乗せ、おなかに力が入るのを意識して

3

ひざが前に出ないよう注意しながらしゃがむ

ひざが前に出ないよう注意して、できるだけ深く腰を落としたら、ひざを伸ばしきらないようにしてゆっくりと立ち上がります。目標15回！

腹部のインナーマッスル、
腹横筋に効く！

ロシアンツイスト

1

体育座りの姿勢から、両足を持ち上げる

床に座り、軽くひざを曲げたら、内ももに力を入れ、両足を床から10㎝ほど浮かせます。おなかにしっかり力を入れてスタンバイ

2

息を吐きながら体をひねって両手を床につける

息をハーッと吐きながら、上体を左にひねり、両手で床をタッチ。息を吐ききったら、息を吸いながら①の姿勢に戻ります

3

❷と同様に反対側にもひねる

反対側も同様にひねります。左右交互に15回。おなかをコルセットのように囲む腹横筋が鍛えられ、おなかが引き締まります

つらい人は…

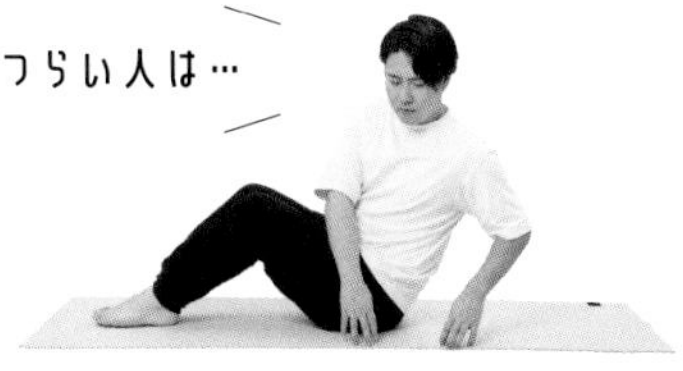

両足を床から浮かすのがきつい人は、足をついてもOK。NG姿勢にならないよう、このときもおなかと内ももの力を抜かないのがポイントです

NG

おなかと内ももの力が抜けると効果が半減。上体が倒れないように腹筋に力を入れ、両ひざは内側にクッションなどを挟んで締める意識をして

※ 腰を痛めている人は無理をしない程度に行ってください

ダイエットの敵、〝孤独〟はオバベみんなで乗り越えよう

自分に磨きをかけたい、このまま老いたくない…と意気込んで始めた化け子のボディメイクですが、最初は積極的に運動もせず、2か月たっても結果が出ないことに焦っていました。それから周囲のアドバイスもあり、仲間で食事の記録を報告し合い、ライブ配信で毎朝一緒に運動を始めるように。そうしたらどんどん体が変わり始めたんです。**結果が出にくいオバベ世代は、1人で黙々と続けるのは難しい。**みんなと一緒にやることが習慣化への近道。くじけやすい人こそ、仲間をつくってみてください

一緒に取り組む仲間がいると、続けられる！

3か月で変わった
化け子の結果を発表します！

食事内容に気をつけて運動を習慣化すると、全体的にシャープに。3食きちんと＆タンパク質や野菜を欠かさない毎日で、肌も絶好調

体重
44.9kg
-5.6kg

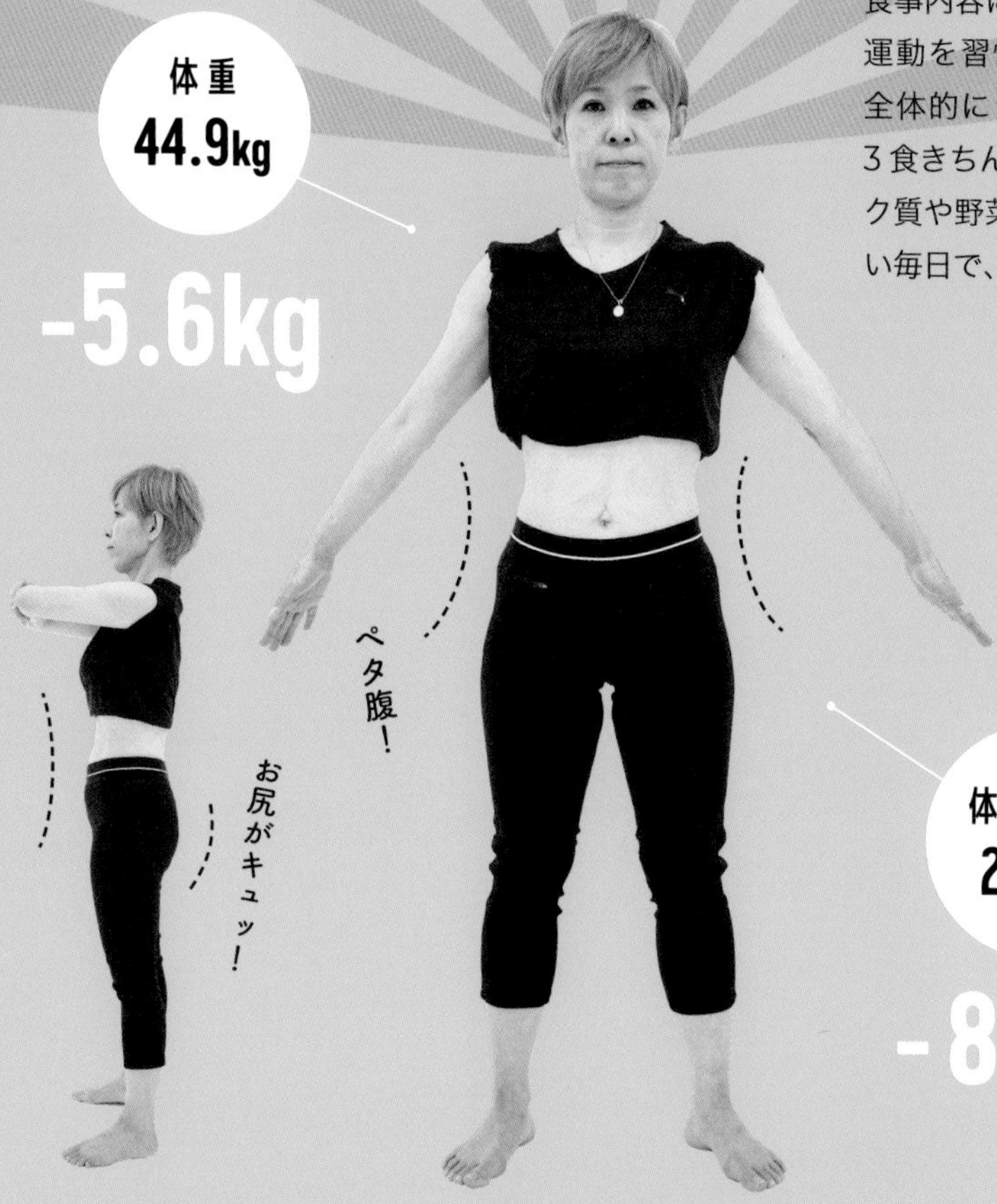

体脂肪率
21.4%
-8.6%

ボディメイク中の1日スケジュール

- 4:50 起床して体重測定
- 5:00 朝家事
- 6:00 瞑想
- 7:10 朝食
- 7:30 運動＆散歩
- 9:00 YouTube撮影
- 12:30 昼食
- 13:30 撮影再開
- 18:00 帰宅
- 19:00 夕食
- 19:30 ちょっとした運動
- 20:00 風呂＆ローションパック
- 23:00 就寝

瞑想で自分を見つめ直す！

夕飯は遅いので軽めにすます

夜のスキンケアもしっかりと！

生活改善で肌まで変わる！

オバベ世代は簡単にやせないけれど、意識と生活を変えれば、結果は必ず出る！
食事改善＆運動習慣で、やつれることなく肌ツヤがよくなるメリットも

FILE 04 自分に目を向けたら、チョコ断ちできて肌も変わった

Data: **Kさん** 広島県・52歳

Profile: もともと肌が暗めなところに、加齢でくすんできました。目の下がたるんで、クマも目立つように。年々、太りやすくなったことで気分も落ち込み、お店で服やメイクを見ても楽しくありません

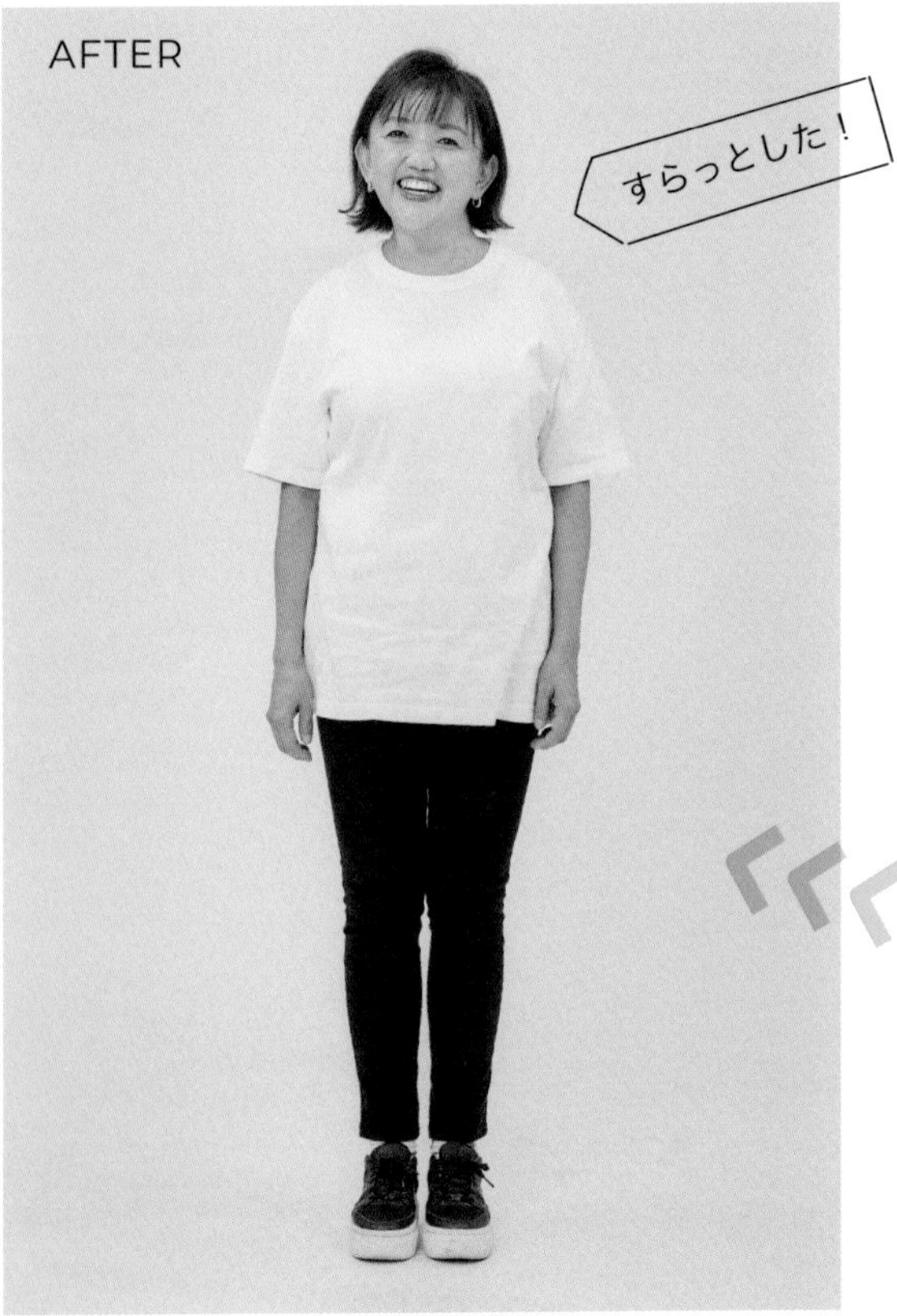

お悩みカルテ

- ☑ **肌のくすみ**
- ☑ **目の下のクマ**
- ☑ **チョコレート依存症**

BEFORE

AFTER

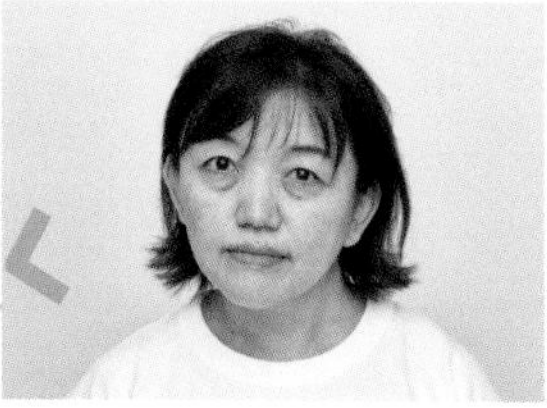

BEFORE

糖質依存をやめたら肌がトーンアップ

2人の子どもの出産を機に体重が20kgも増えてしまったKさん。「もともとパンや甘いものが大好き。夜自分だけの時間にチョコを食べるのが至福のひとときでした」。糖質依存を脱出するためにも、食事の栄養バランスを見直し。朝は仲間と一緒に苦手な運動に取り組むなど、毎日短くても自分の肌や体と向き合う時間をつくったことで、意識が変化。甘いものへの欲求が減り、体重は5kg減。くすんだ肌は明るくなり、目の下のたるみによって悪目立ちしていたクマも目立たなくなりました。

長年、自分軸で物事を考えてこなかったためメイクや洋服選びにも迷いが出ていましたが、明るい色の服にシフト。透明感が出た肌とも好相性です

化け子 COMMENT

「健康美を目指そう！」と思ったのが、Kさんを見てから。運動不足と糖質依存でくすんでいた肌が、ボディメイクで変わるうちに表情まで明るくなっていったのが印象的でした。笑顔が輝いてよかった！

FILE 05

約10kg減で、たるみグマやほうれい線までスッキリ

Data: **米本友美さん** 千葉県・50歳

Profile: 20代の頃、大病したときにできたニキビあとが残り、毛穴の凹凸が目立ちます。皮脂分泌が過剰な肌のせいか、メイクをしてもすぐ崩れる困った事態に。最近ではたるみグマが気になっています

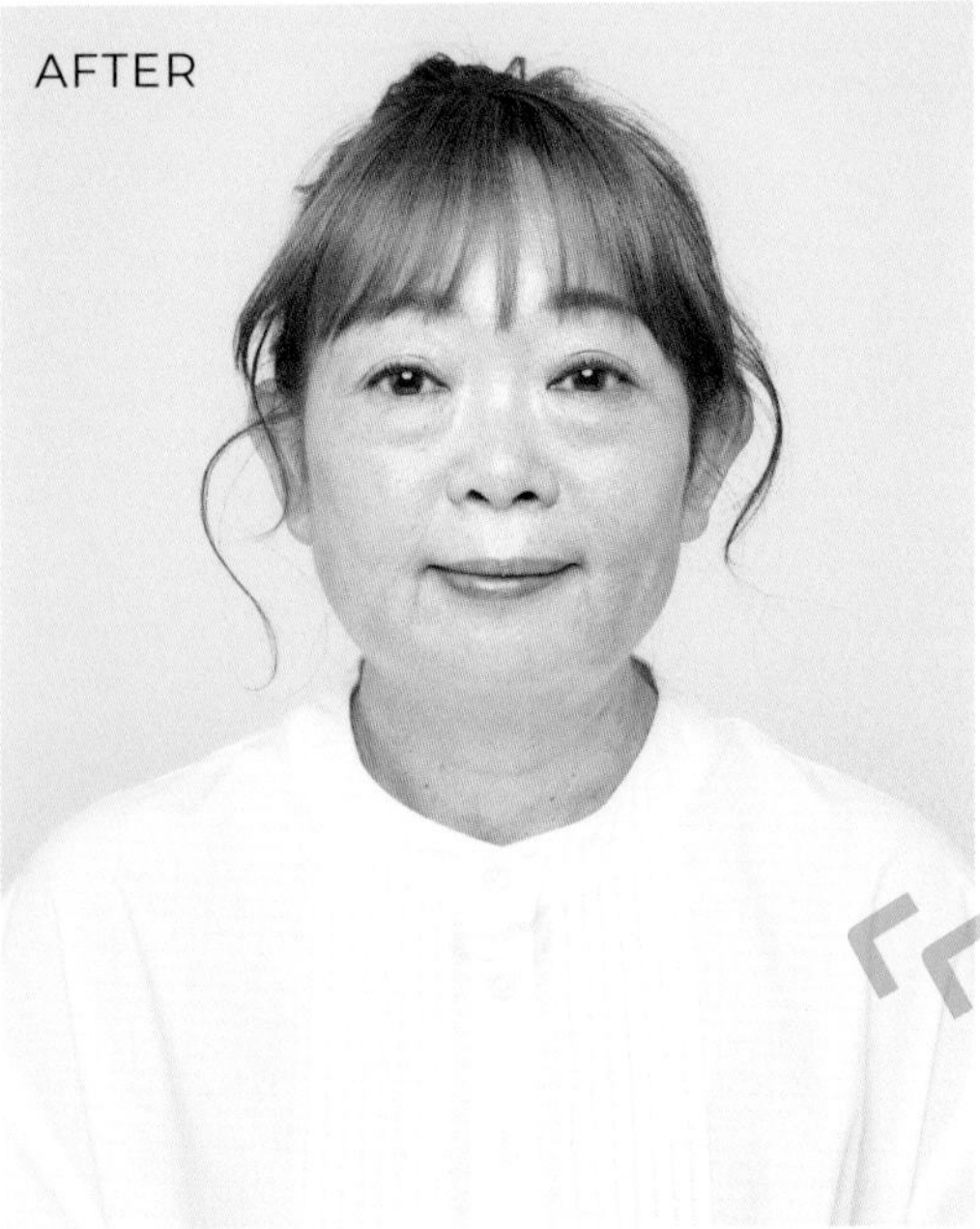

お悩みカルテ

- ☑ **メイクのりの悪さ**
- ☑ **目の下のたるみ**
- ☑ **コーラがやめられない！**

BEFORE

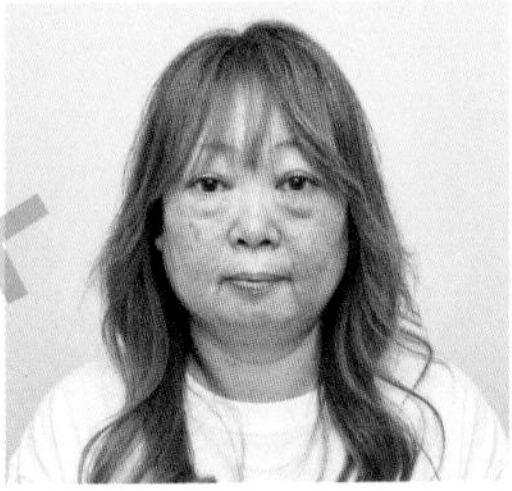

食生活の見直しと運動で別人のような肌&体型に！

病気を患った関係でニキビあとや赤みに長年悩まされてきた米本さん。なのに偏食の野菜嫌いでコーラ好き。気がついたときには体重と体脂肪は増加し、肌はメイクをしてもすぐ崩れる最悪のコンディションでした。

「体の中から変えないといけないと思い、アプリを使って食事の栄養をチェック。野菜も積極的に食べるようにしまし

た」。10kg近く体重が減ると目の下のたるみグマやほうれい線まですっきり。赤みも薄くなり、別人級に変身しました。

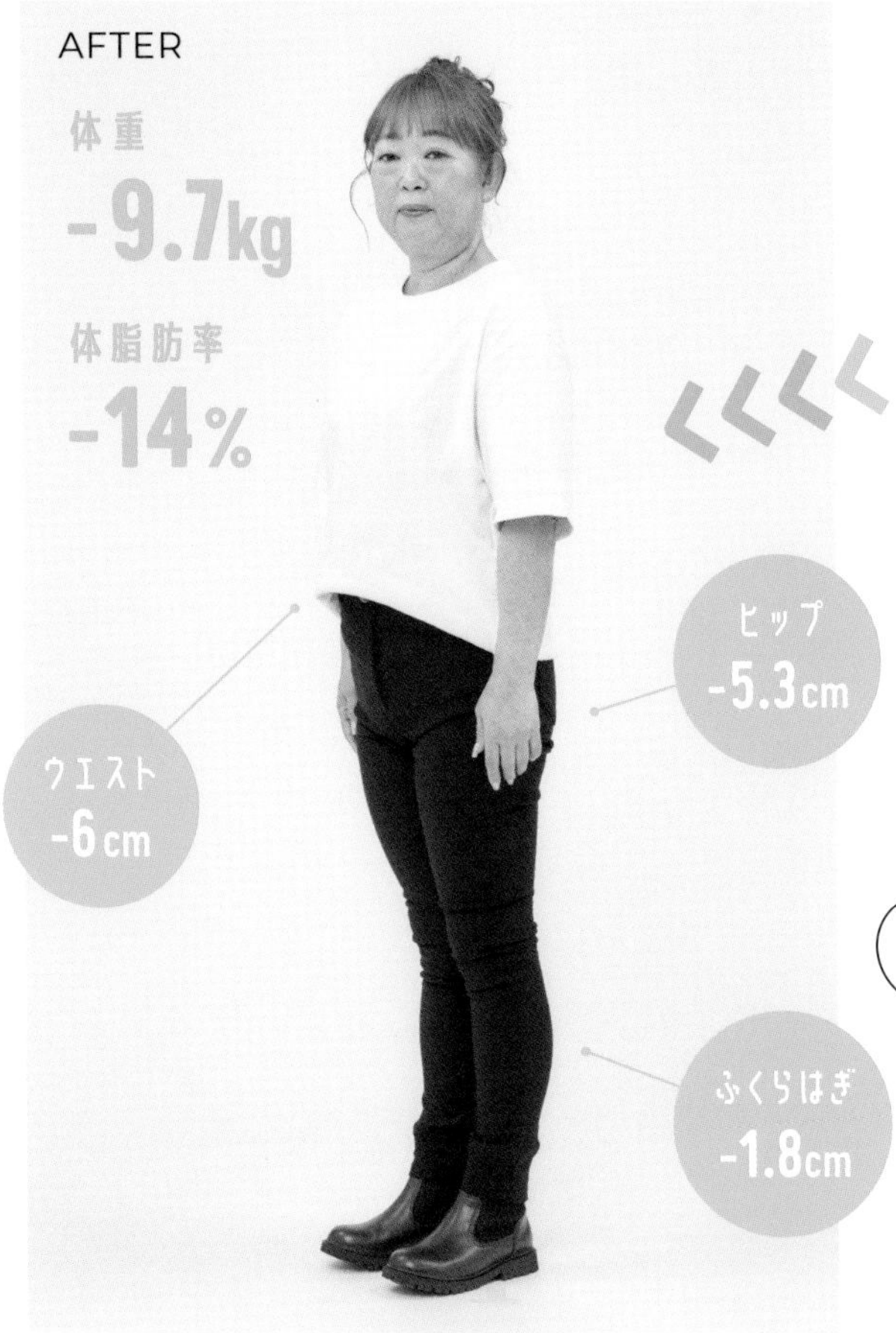

BEFORE

ひと回りキュッ！
まるで別人！

化け子 COMMENT

ジャンクフードをやめたおかげでくすんでいた肌も明るくなり、顔の脂肪が落ちたことでたるみが目立たなくなりました。メイクのノリも、もちもよくなって驚き！ 体の中から肌が変わることを証明してくれました

＋α《プラスアルファ》で小顔効果！

ベロマッチョ体操

たるんだ顔をキュッとさせたい、小顔になりたい人は、
ベロトレーナー・まりこさんに教わった「ベロマッチョ体操」を続けてみて

小顔になりたい人に意外と効果があるのがベロ（舌）の筋肉を鍛えること。私たちの口腔内にあるベロは250 ～ 500g もある筋肉。ところが、年齢とともにベロの筋肉が衰えてくると、下あごにベロの重みがのしかかり、それによって二重あごになったり、フェイスラインがたるんだりする原因になるんだって。知ってた？また、私たちの重い頭を支える首の力をサポートするのもベロの役割。だから理想的な姿勢の維持にはベロの筋肉は無視できないんです。小顔＆美ボディになるためにも「ベロマッチョ体操」をこまめに続けてみて！

教えてくれたのは…　**ベロトレーナー　まりこさん**

ベロに着目し、小顔や姿勢矯正にもつながる総合的なプログラム「ベロマッチョ体操」を考案。普段はデンタルクリニックに勤務し、口腔衛生のほか、ベロ筋を鍛える大切さを伝えている

※ ベロの重さは諸説あります

ベロの先をグルグル回して
下がり気味のベロを鍛える

ゴリラ回し

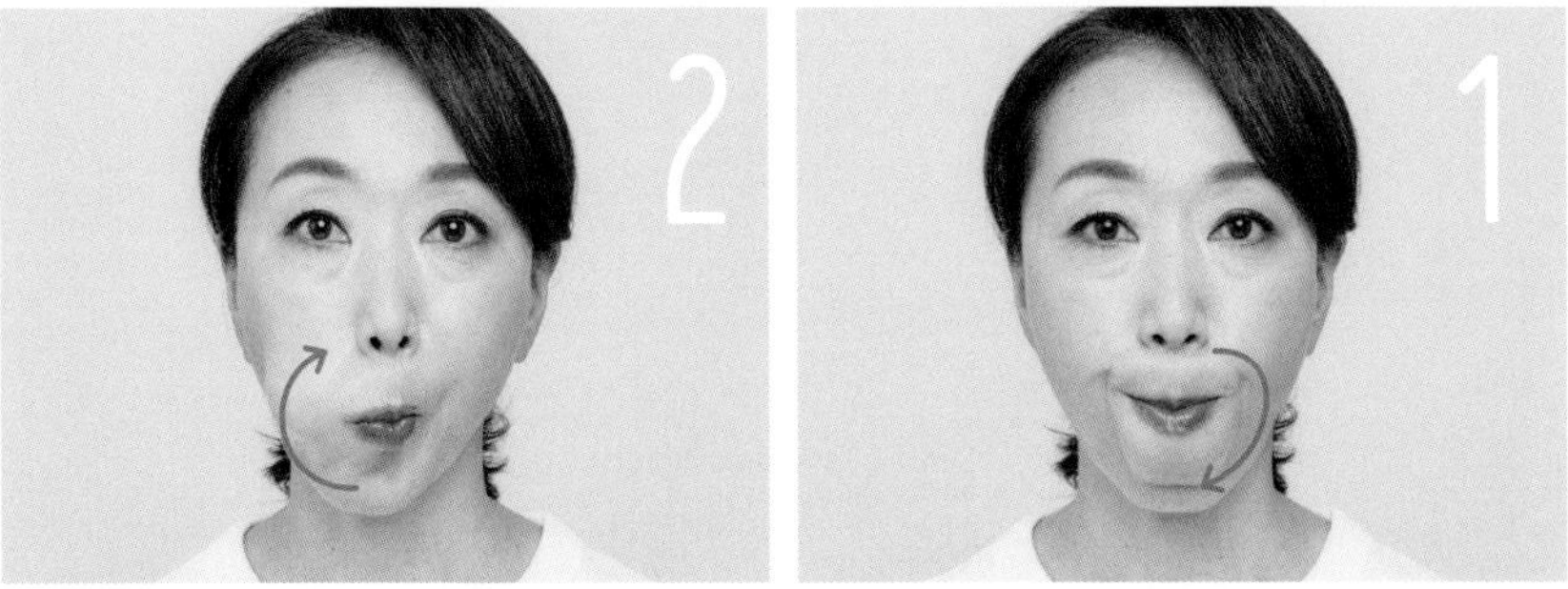

ベロをゆっくり回してゴリラのような顔にする

上唇と歯の間にベロの先を挟んでスタート。そこから頬を内側から押しながら、ゆっくりベロを時計回し。3周したら逆回しも同様に行います。下あご側にベロが下がっている人は筋肉が弱っているので、この体操で鍛えてみて

ベロの先を鍛えて
ほうれい線まですっきり

ベロ頬体操

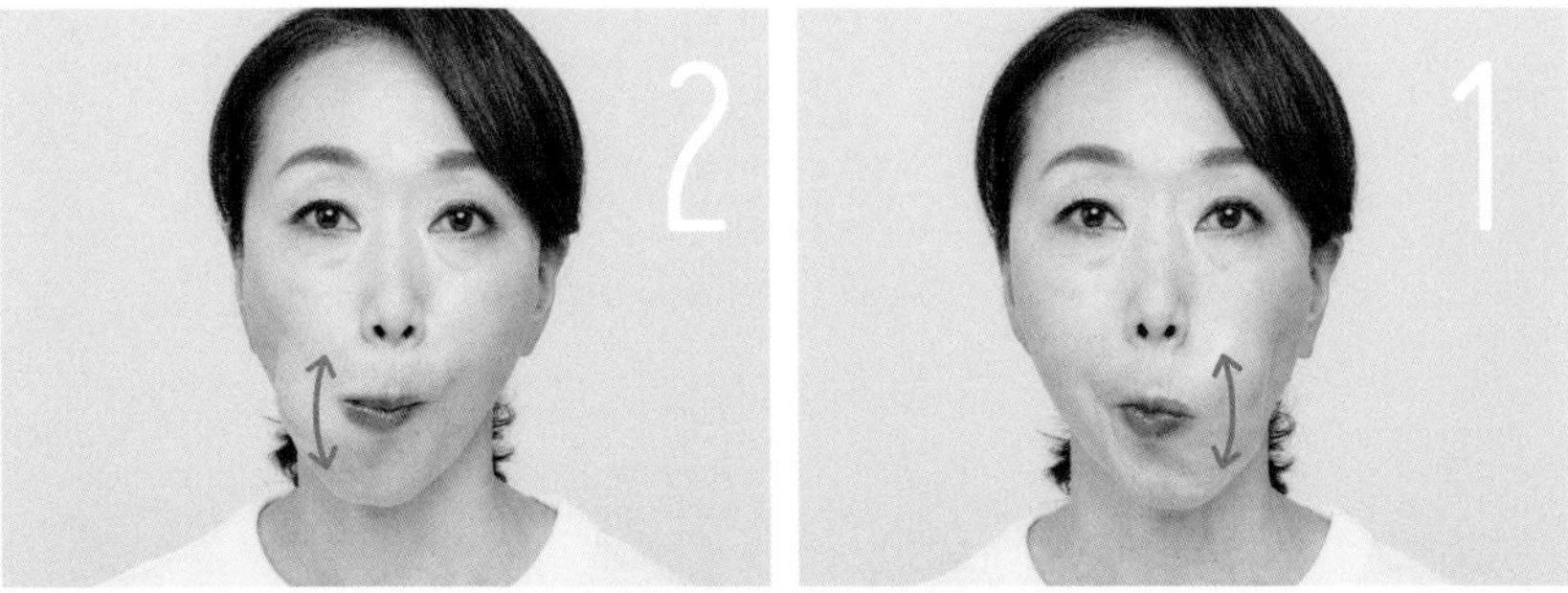

ベロを上下に動かして、ほうれい線をのばす

ベロの先でほうれい線あたりを内側から舌で強く押しながらベロを上下に動かして数字の「1」を描きます。上下往復10回。逆の頬も同様に行います。ベロの先の感覚が弱い人のトレーニングにもなります

ベロを真っすぐ出して
ベロの奥の筋肉を鍛える

出して引っ込めて

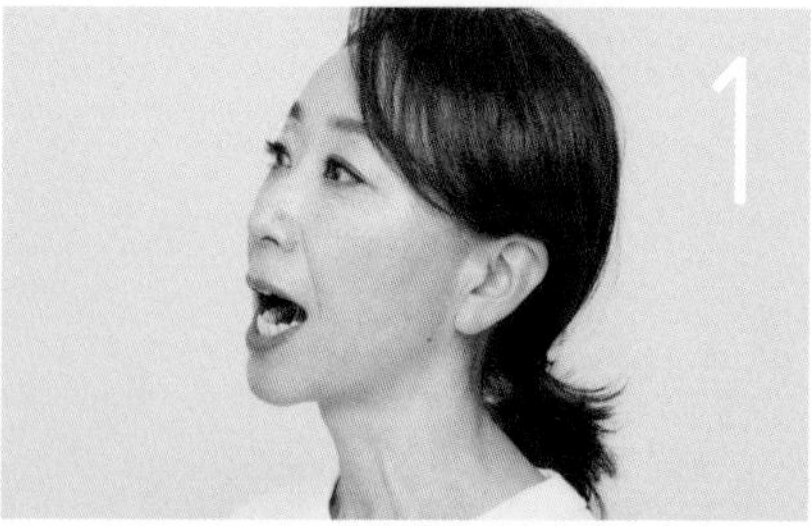

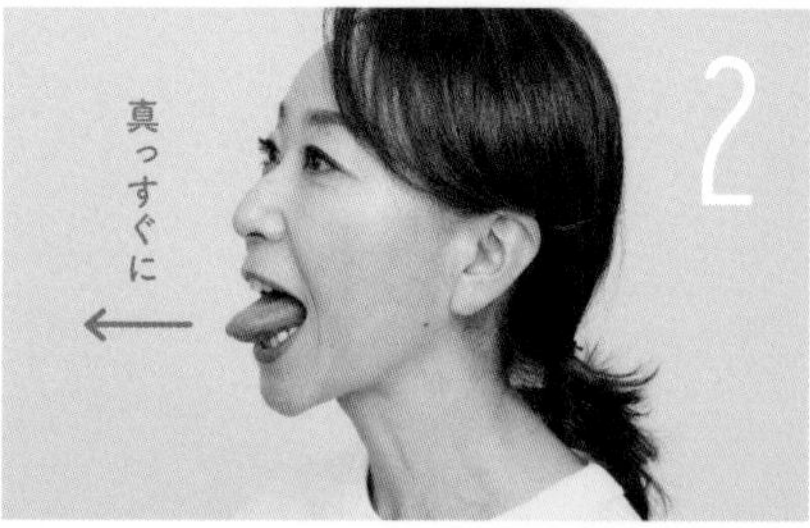

ヘビのように、ベロを出して引っ込める

ベロを出す＆引っ込める、を繰り返します。10回×3セット。ベロは出すときも引っ込めるときも真っすぐにするのがポイント。筋肉が弱い人は下がりやすいので注意

上あごにベロの表面を
ベターッとくっつける

吸い上げ

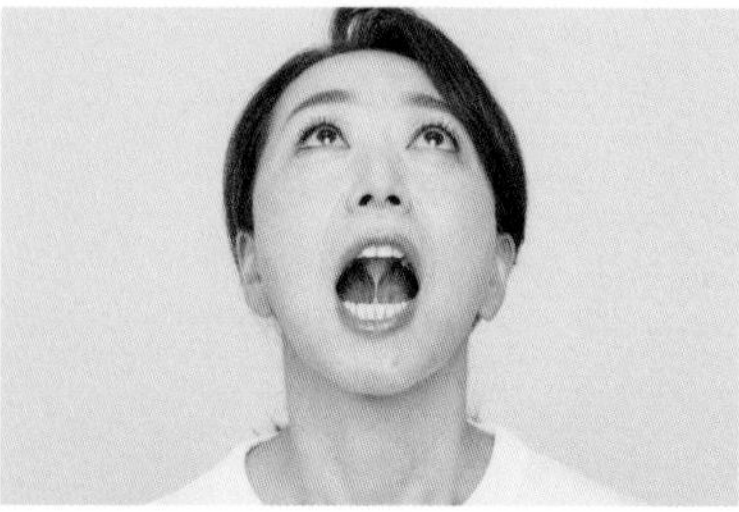

ベロを吸い上げて押し当てる

ベロを吸い上げるイメージで、上あごにベロを密着させます。ベロの下の筋が見えるくらいまで吸い上げるのがポイント。この状態を30秒キープ。さらに余裕があれば、その状態で首を上下左右に動かしたり、回したりします

前歯の後ろ「スポット」でベロの
先をキープしながらエクササイズ

スポットキープ

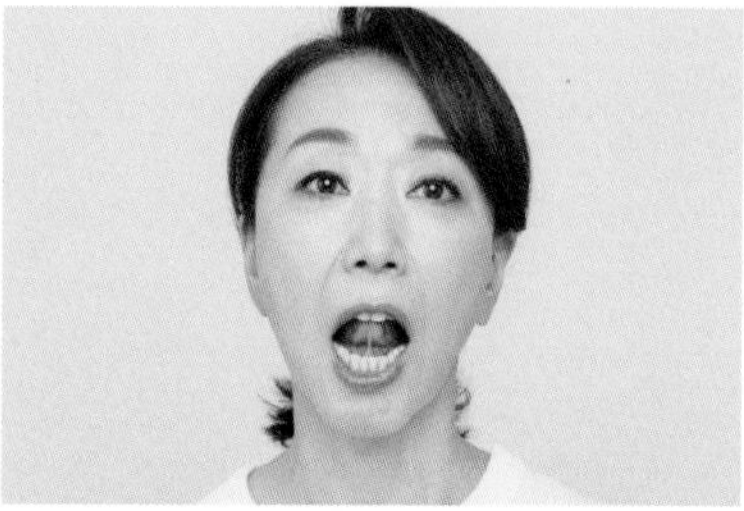

ベロの先を前歯の裏につける

口を開けたまま上あごの前歯のすぐ裏にある「スポット」と呼ばれる部分にベロの先を当てて30秒キープ。さらに余裕があれば、ベロの位置をキープしたまま首を上下左右に動かしたり、回したりしましょう

PART 5

髪の毛は
ちゃんと
洗うところから

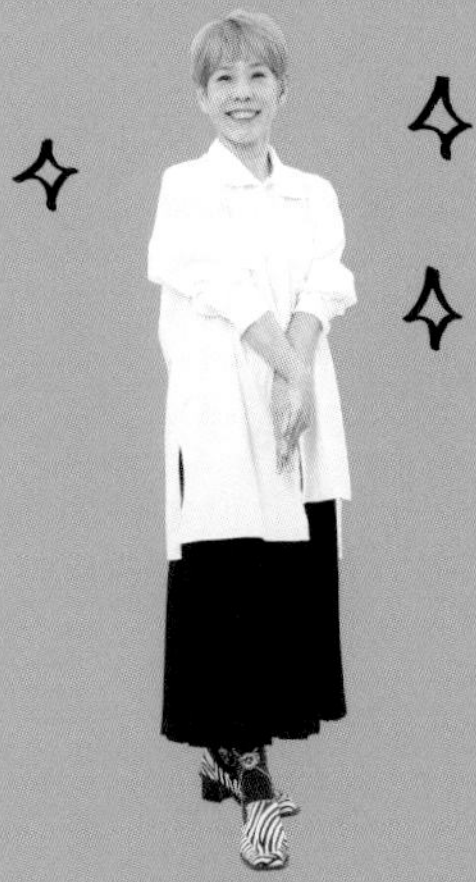

見た目をガラッと変えるなら、
シミやシワなどの細かい部分の
カバーに全力を注ぐより、
ヘアをがんばったほうが効率的。
毎日やっているヘアケアを見直す
だけで髪の質は向上するんです！

髪の毛、本当に洗って乾かしてる？

アートネイチャーの矢島さんによれば、マイクロスコープで頭皮をチェックすると、女性はスタイリング剤が残っているケースがほとんど。つまり、髪の毛をちゃんと洗えてないってこと。加えてドライヤーで乾かしてない人も多いのだとか。

ただでさえ更年期を過ぎると、オバベの髪はやせて、うねりやパサつき、薄毛、抜け毛など悩みが増えてくるもの。適当に

課金するならココ！

おすすめヘアドライヤー&ブラシ

猪など獣毛製のブラシは、プラスチック製よりも静電気が起きにくくておすすめ。頭皮を適度に刺激するクッション性のあるものを選んで

メイソンピアソン ポケットセンシティブブリッスルダーク・ルビー ¥16500（オズ・インターナショナル）

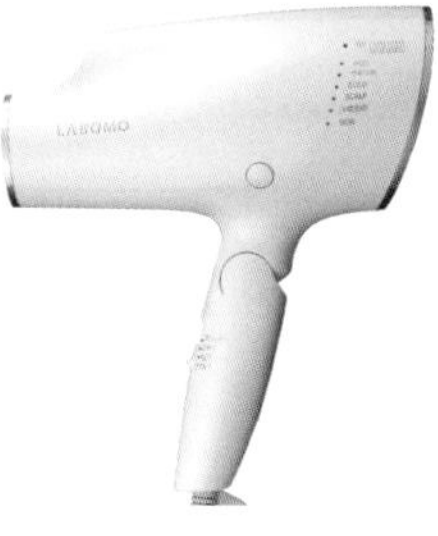

頭皮や髪をいたわりながら、うるおいとツヤをもたらす高機能ドライヤーは大人こそ選びたい1台

サロン帰りのようなツヤ髪に。LABOMO うるつやドライヤー ¥36300（アートネイチャー）

教えてくれたのは…

アートネイチャー
矢島和子さん

アートネイチャーの毛髪診断士として、髪に関するアドバイスを行っている。カウンセリングした人は、のべ約2万人。自らも徹底したヘアケアを実践し、ツヤのあるロングヘアを維持

洗って、半乾きのまま寝ていたら土台となる頭皮環境は悪化するわ、髪は傷むわ、オバベの髪にとっていいことなんてひとつもないんだから〜！ 私たちの印象を左右するのは髪。**髪は顔よりも人の記憶に残ります。**オバベ印象を変えるには、小さなシミやたるみ、シワに悩むよりも、髪に手をかけたほうが手っ取り早く、効率もいいんです。

いい状態の髪を保つためには、まずは髪の毛をちゃんと洗って、しっかり乾かすこと。**正しいケアで髪にツヤが出ると若々しくヘルシーに見えるし、薄毛や抜け毛だって防げますよ。** 次ページからは、矢島さんに教わったヘアケアを続けやすいように化け子風にアレンジしたものを紹介します。

かく言うタカコPも…

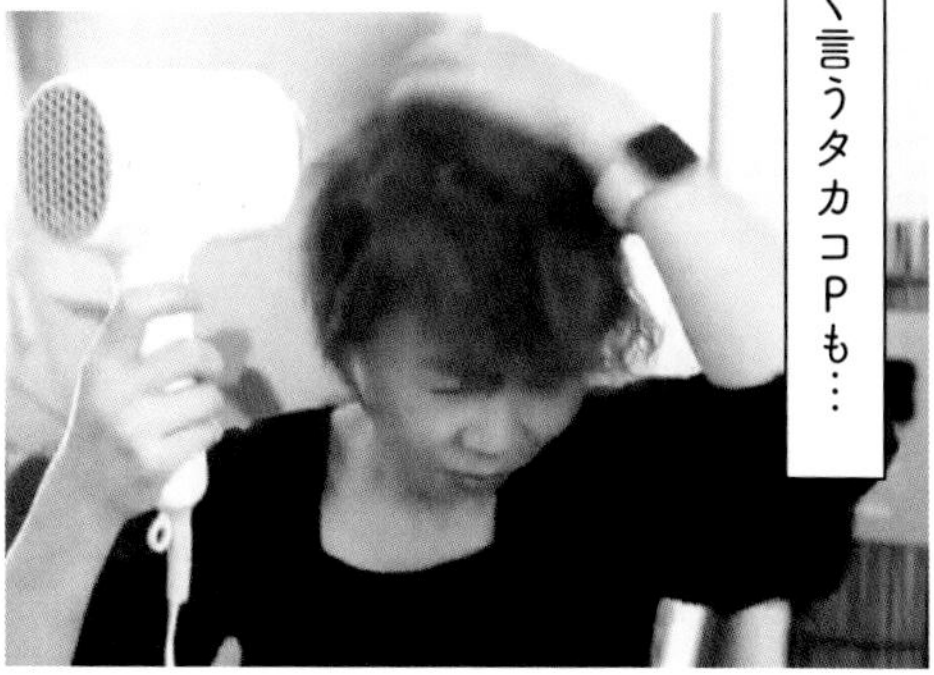

化け子チームのタカコP《プロデューサー》も、ドライヤーで乾かしていたつもりが、地肌に近い部分は生乾き。時間がないからと雑に乾かして摩擦を起こし、髪を傷めていました

「ドライヤー＝髪が傷む」と避ける人もいるけど、生乾きのほうがよっぽど悪影響よ〜

MISSION:7

ヘアで印象を激変させる

髪のハリコシがよみがえる プロが直伝！ デイリーケア

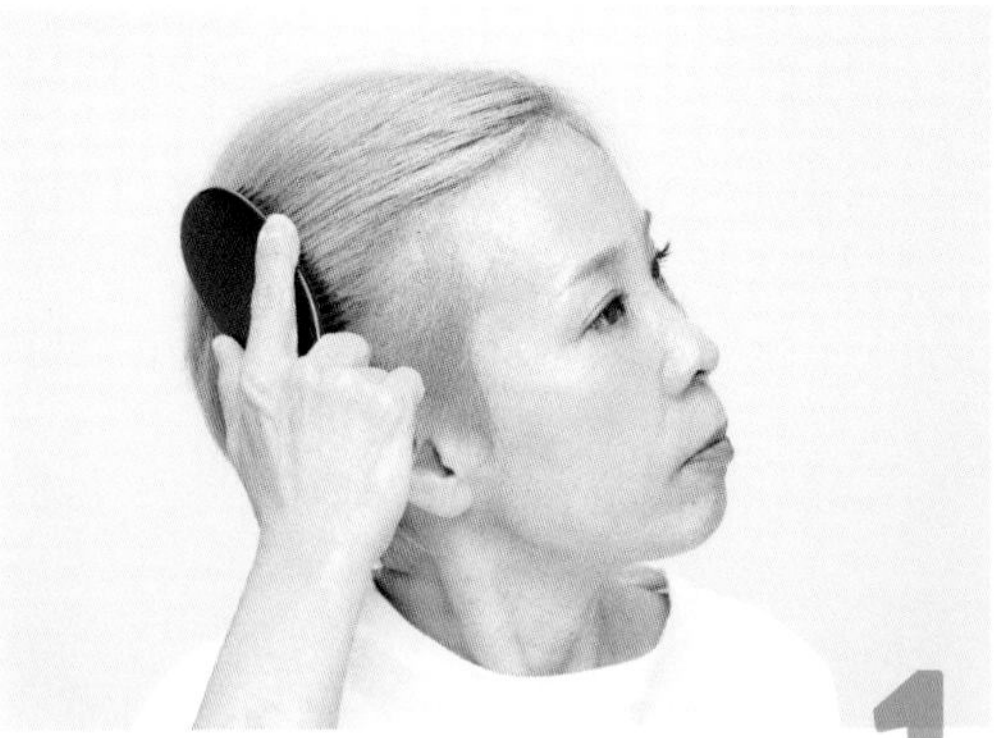

1

洗髪前にブラッシング

静電気が起きにくいブラシでブラッシングし、髪のからまりをほどき、頭皮の汚れを浮かせましょう。頭皮のコリをほぐすだけでなく、血流をよくする効果もあります

2

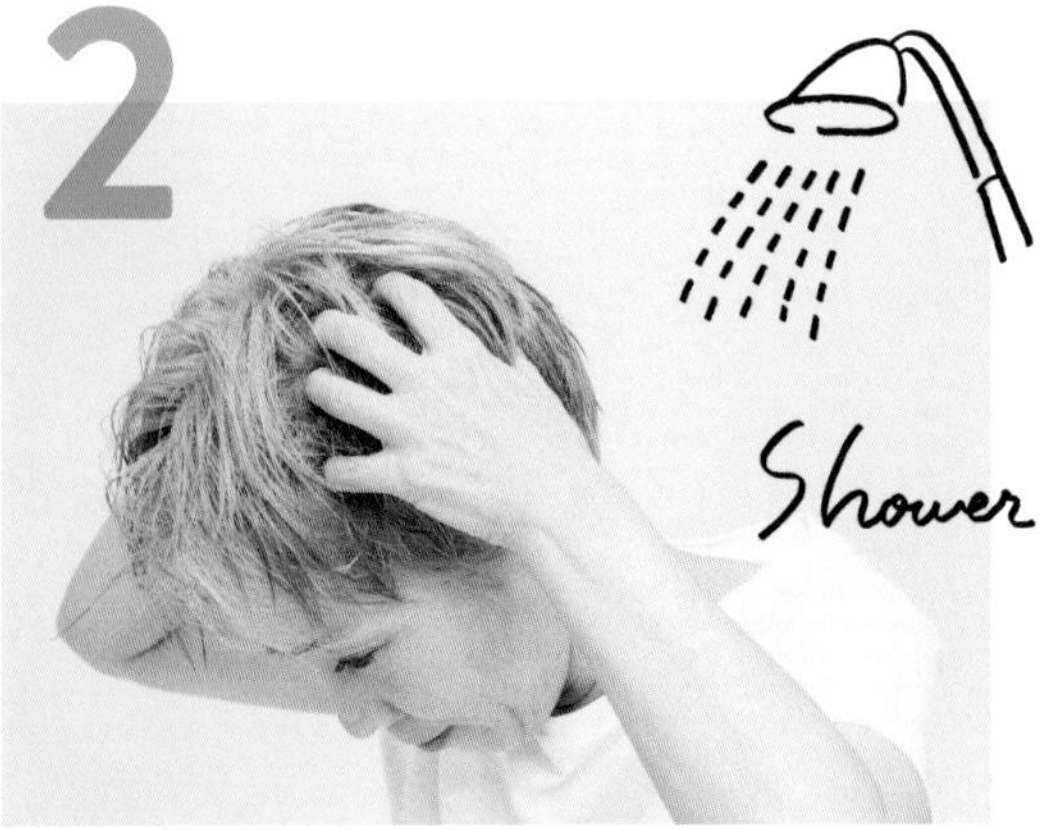

しっかり湯シャンで予洗い

まずは、お湯で予洗いする「湯シャン」を。これだけで汚れの６割をオフできます。また、次に使うシャンプーの泡立ちがよくなるので、髪にかかる摩擦を防げます

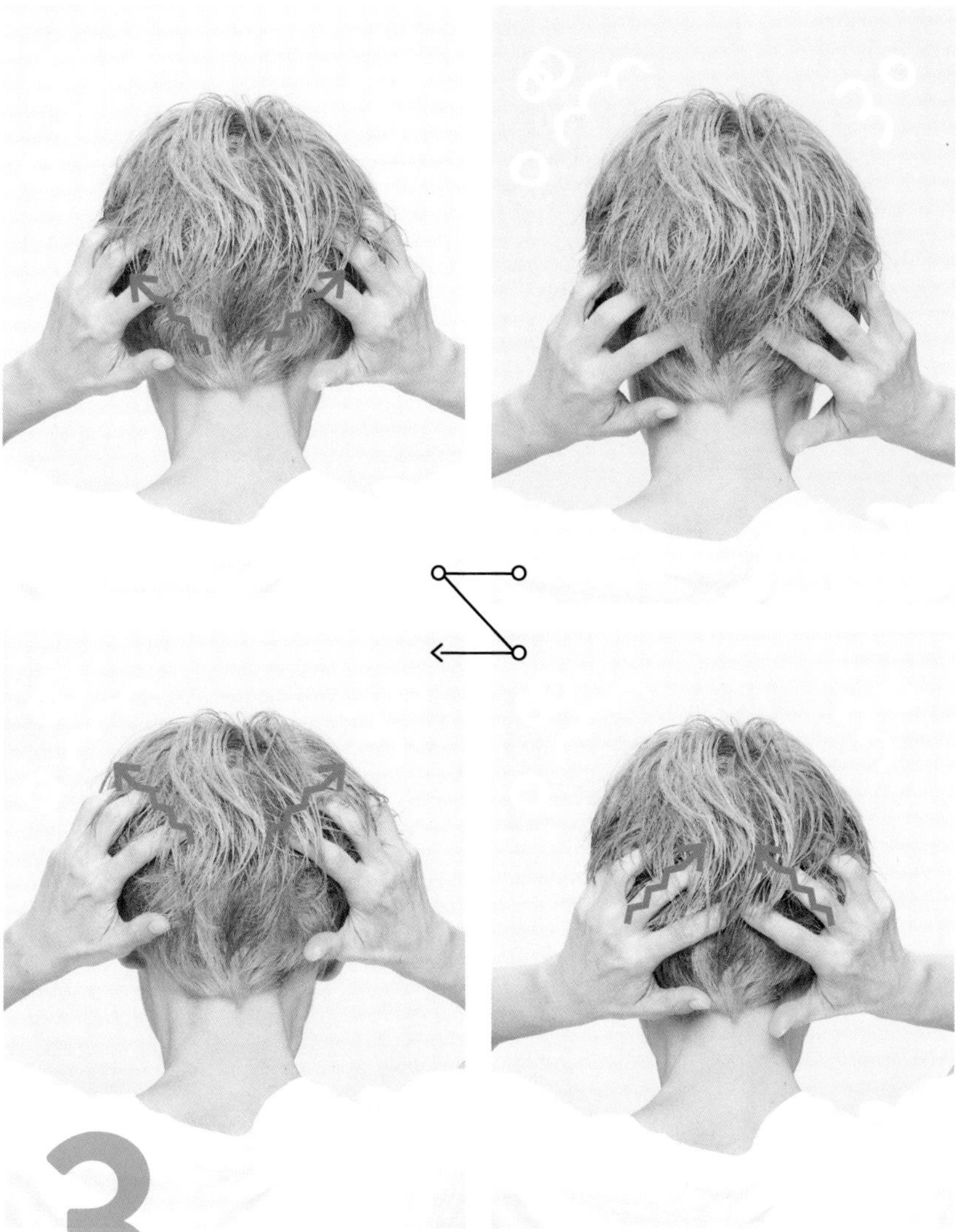

3 指の腹で頭皮をジグザグ洗い

シャンプーは髪に直接つけるのではなく、手に取って軽く泡立ててから頭にのせましょう。髪につけてから泡立てようとすると摩擦で髪が傷みます。爪を立てないように指の腹をジグザグと小刻みに動かしながら、頭皮を洗浄。洗い忘れがちなえりあしから徐々に指を側頭部➡後頭部➡頭頂部と移動させて頭皮全体をきちんと洗います

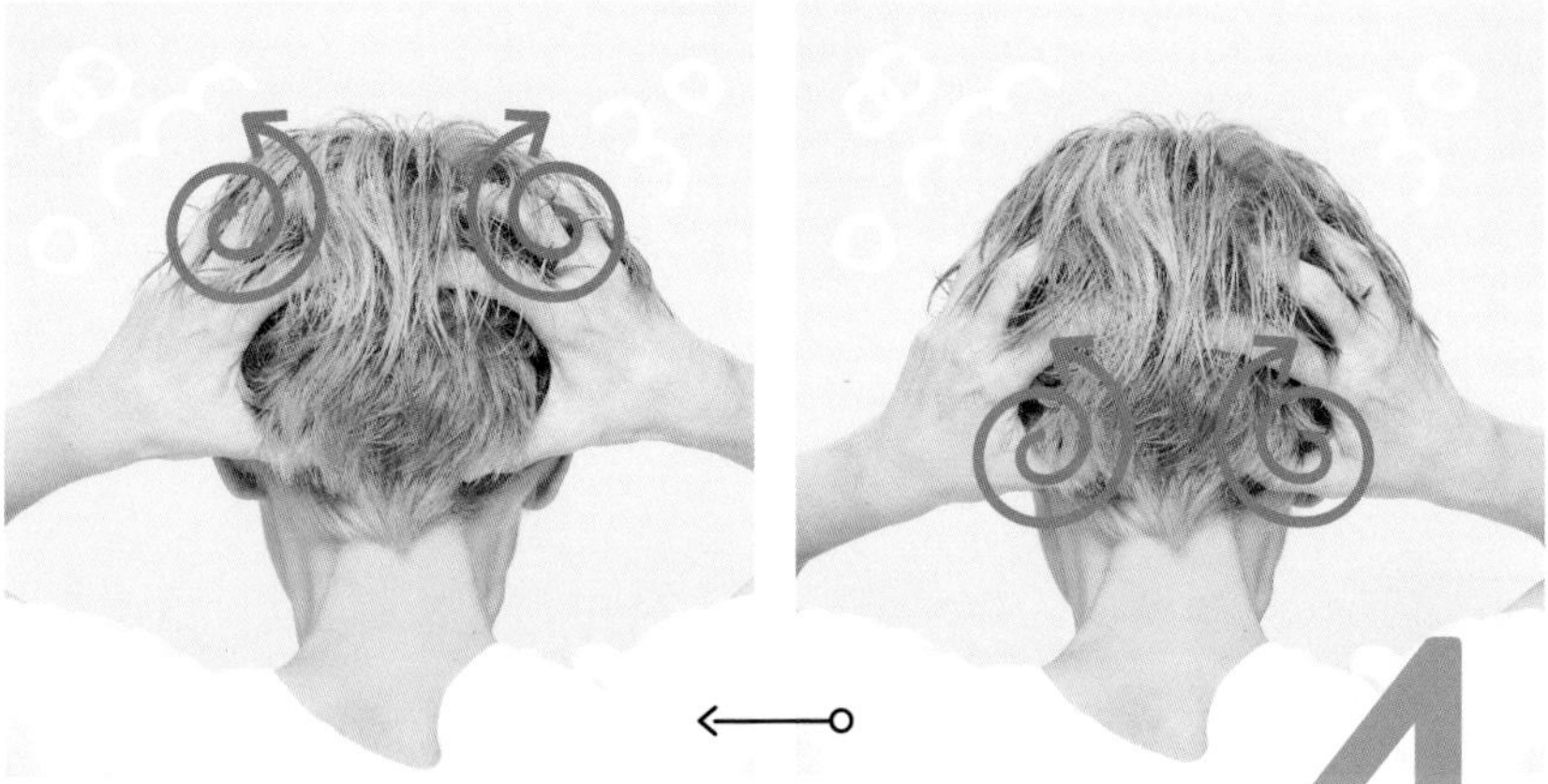

4

指の腹でらせん状にクルクル

頭皮をマッサージするよう、指1本ずつで小さならせんを描きながら洗います。指を大きく回すと髪がからんで傷む原因になるので要注意。③と同様、えりあし➡後頭部➡側頭部➡頭頂部と指を移動させながら洗いましょう

MORE!

時間がある人は、一度すすいで2度洗い。泡立ちもよく、頭皮をしっかり洗えますよ

時間をかけてよくすすぐ

シャンプーで髪と頭皮を洗ったら、シャワーでしっかりすすぎます。洗った時間の倍の時間をかけてすすぎ残しがないように。うなじ、後頭部は手が届きにくいので念入りに

トリートメントは地肌につかないように

シャンプーのあとはトリートメント等でダメージ髪をケア&コーティング。ただしトリートメントは地肌まで塗布しないこと。毛穴詰まりを起こして、頭皮環境が悪化する原因に

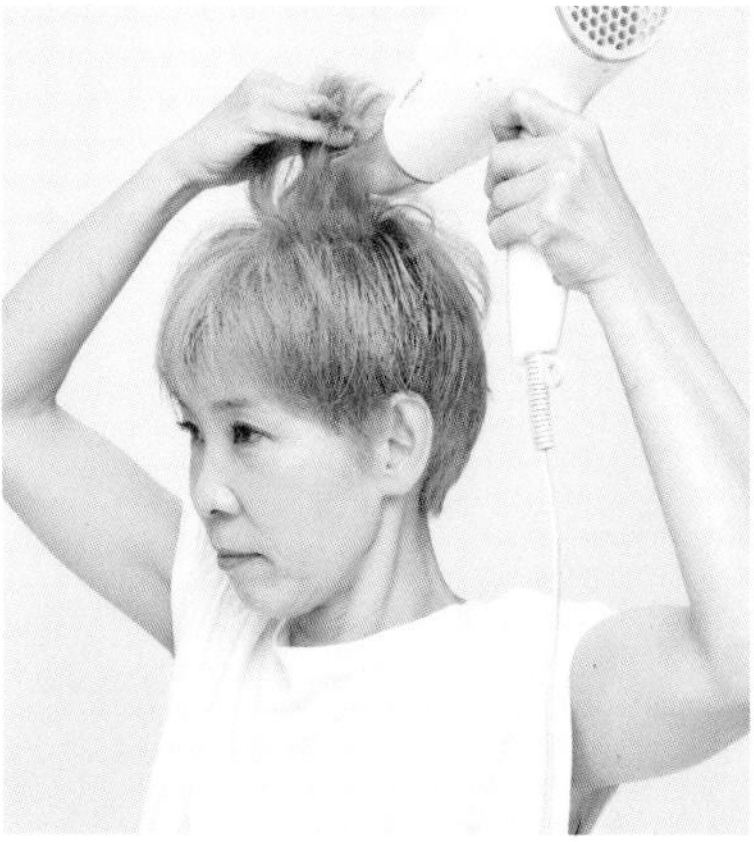

5 髪をこすらずにタオルドライ

トリートメントをすすいだら水気を絞り、タオルで毛先を挟んだり、トントンと上から押さえたりしてタオルドライ。摩擦を抑えて水気を取るのが髪にダメージを与えないコツ

6 根元から立ち上げるように乾かす

髪を指でゆらし、引っ張りながら根元のくせを立たせるように乾かすとボリュームアップ。最後は上から下に風を当ててキューティクルを整え、冷風で締めるとツヤツヤに

化け子のオススメ! ヘアケアアイテム

ドライレメディー シリーズ デイリー モイスチュア オイル

乾き気味の髪に素早くなじむ、ノンシリコンタイプの洗い流さないトリートメントオイル。アロマをブレンドした香りのよいオイルで気持ちよくケア。30㎖ ¥4290（アヴェダ）

チェントンツェ・アール エクストラ バージンオリーブオイル ヘアクレンジング

シャンプー、コンディショナー、トリートメント、スカルプケアまで1本でかなえるオールインワンシャンプー。500㎖ ¥6600（味とサイエンス）

オーガニック スパークリング シャンプー

高濃度の炭酸泡で洗うスカルプケアシャンプー。4種のボタニカルオイル配合で、洗い上がりの髪はツヤツヤに。優雅なホワイトフローラルの香りつき。200g ¥3865（ビーリス）

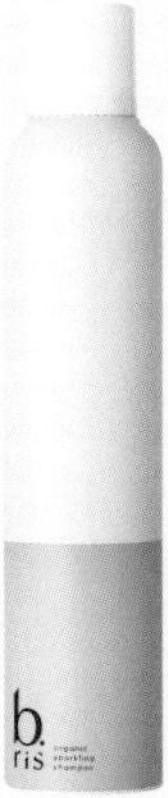

薄毛 & 白髪は
頭皮マッサージでカバー

みんな〜、頭皮を触ってみて。硬くてガチガチにこっていませんか？　頭皮は健康的な髪が育つ土台。つまり髪を花にたとえるなら土の部分なの。その土である部分が固まっていれば、コシがしっかりした髪が育つはずはありません。そもそも頭皮は心臓より上にあるため重力の関係で血流が行き渡りにくいところ。栄養や酸素を届けるためにも、頭皮マッサージで血行をよくしましょう。とくにオバベ世代は、女性ホルモンが低下して、薄毛や抜け毛に悩むとき。また、オバ見えを加速させる白髪にも悩むからこそ、「矢島式スカルプケア」を習慣化しましょう。頭皮環境をよくして、薄毛や白髪になるスピードをスローダウンしていこう！

Ready?

まずは肩を回して

指先を肩に添え、肩を前から後ろに3〜5周回します。速いと肩甲骨がよく動かず効果が半減するので、ゆっくり大きく回すのがコツ。これで頭皮マッサージ効果もグーンとアップ

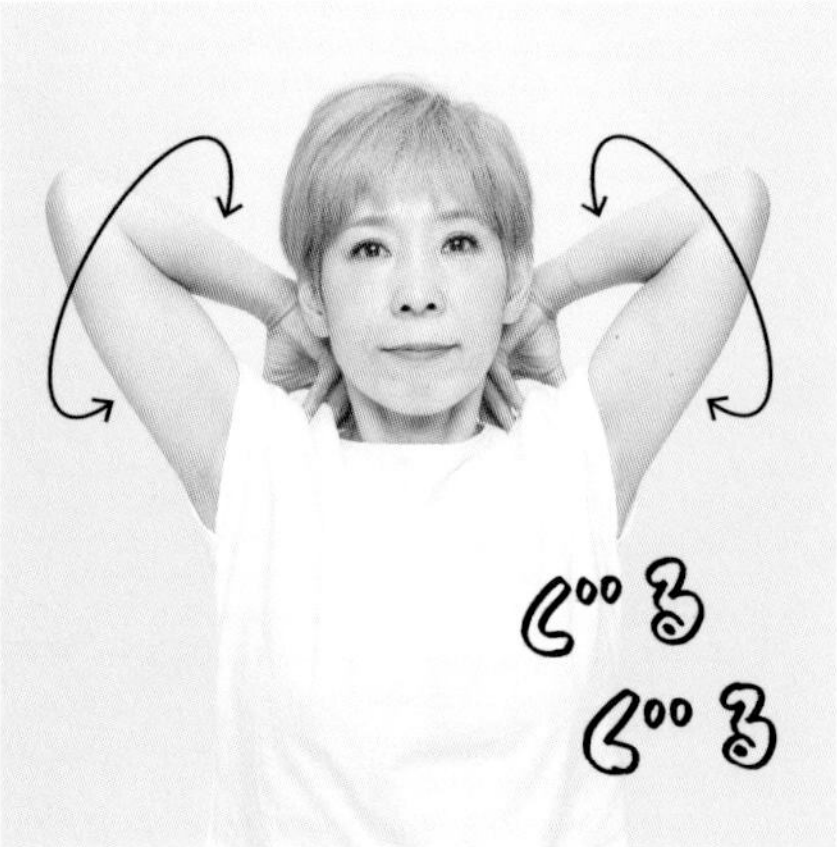

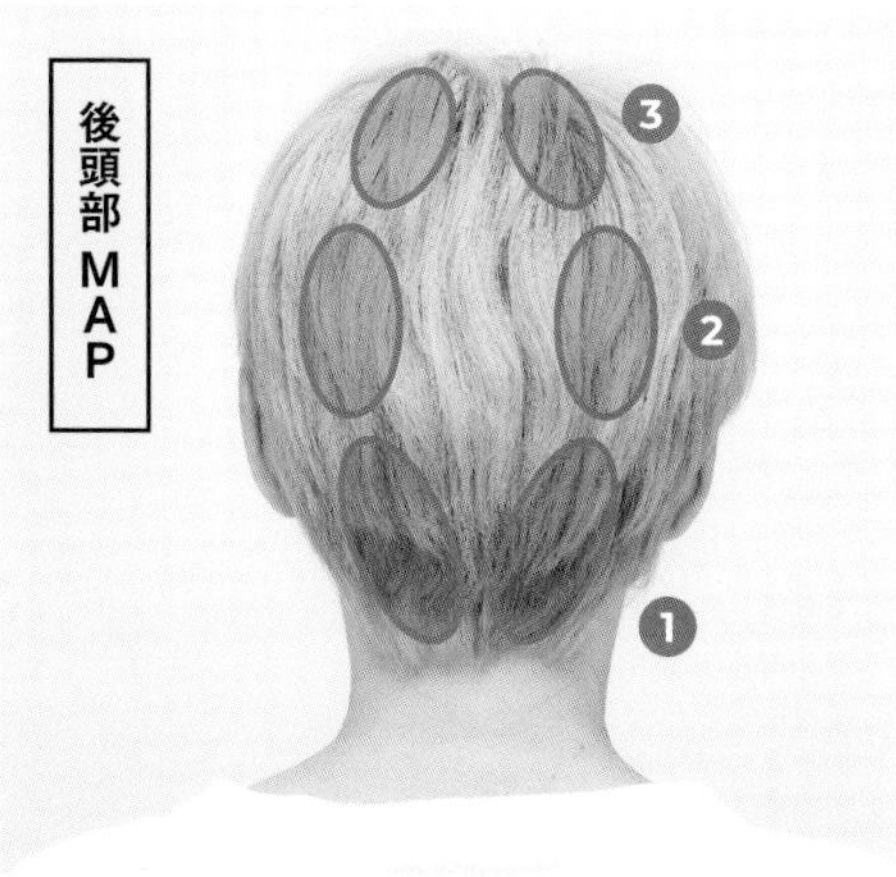

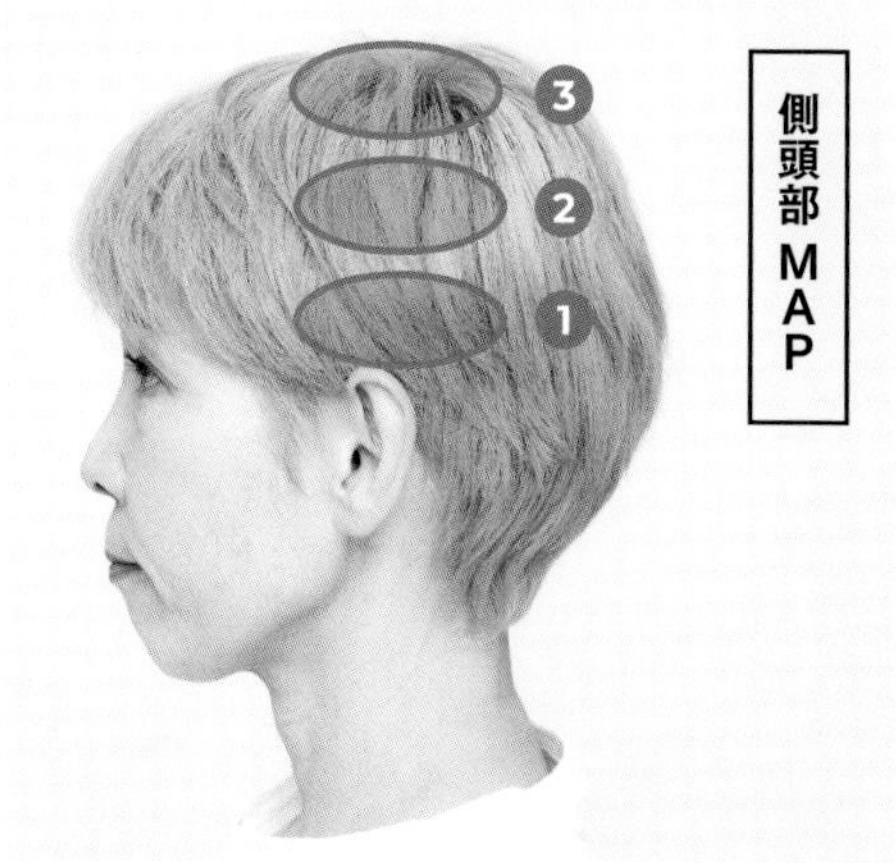

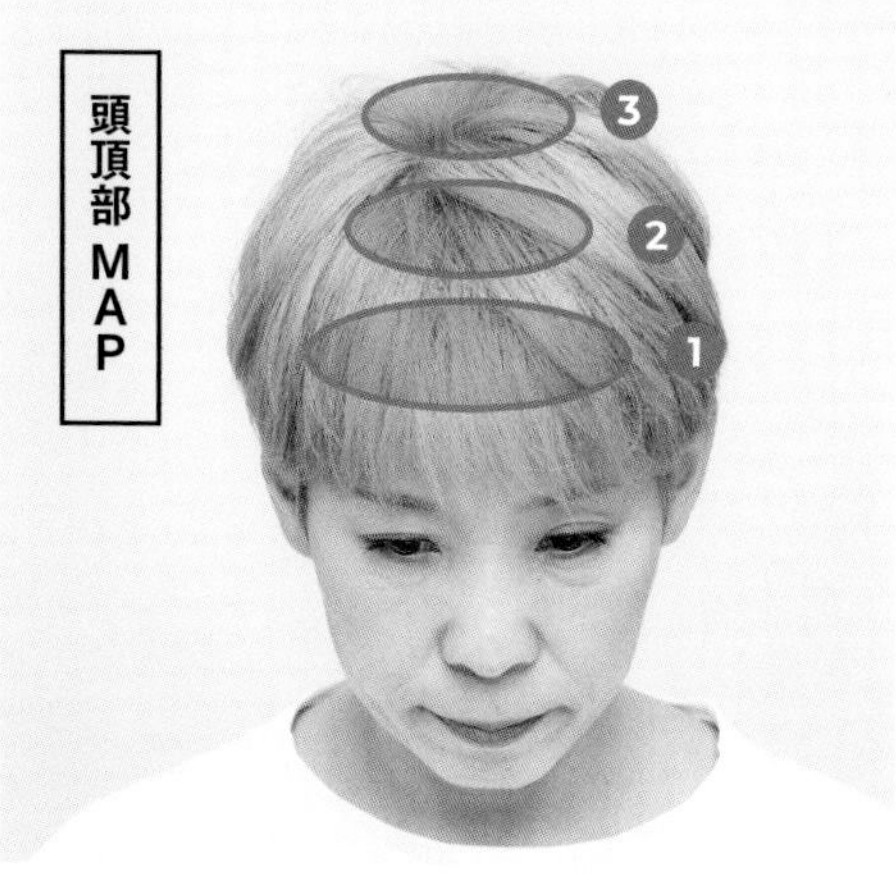

後頭部・側頭部・頭頂部の3か所ずつマッサージ

指で頭皮を持ち上げるように2秒グッと指圧したらパッと離す、を繰り返して血行を促進しましょう。後ろ側は、えりあし➡後頭部➡頭頂部と、側面は耳上➡側頭部➡頭頂部と指を3か所移動しながら刺激します。最後は前髪の生え際から頭頂部まで指を移動させて、まんべんなく刺激します

ギュッと押さえたら

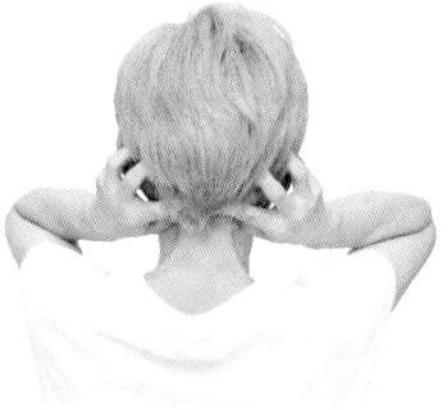

パッと離して

血行促進!

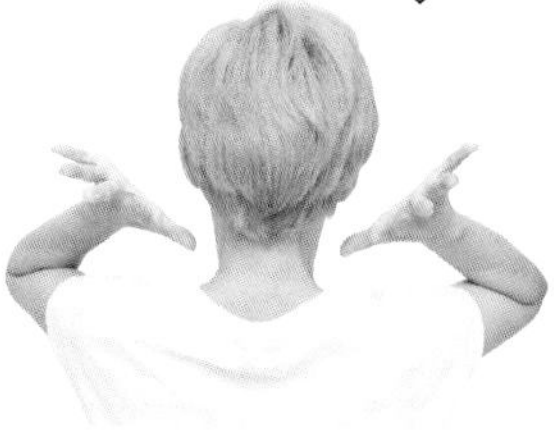

ヘアで印象が激変した好例

FILE 06

髪型ひとつでリフトアップ。柔らかく華やいだ印象に

Data: **矢部栄子さん** 千葉県・56歳

Profile: 年々肌が乾燥しやすくなり、シワ、たるみ、毛穴の開きが目立ってくるように。目などのパーツが小さいのも影響して顔が間延びした半面、骨格の関係でエラや頬骨が目立ち、顔が四角く見えます

お悩みカルテ

- ☑ **顔が長く見える**
- ☑ **髪がコケシのよう…**
- ☑ **怒った顔に見える**

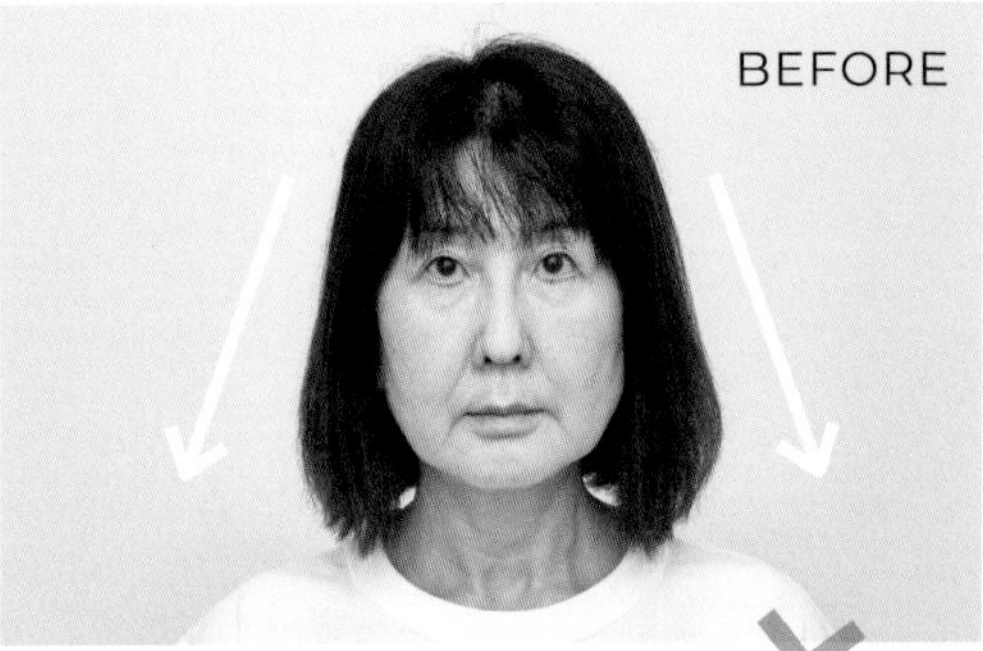

末広がりの台形型だったアウトラインがエラを強調していましたが、髪を切ってひし形ラインにしたことでリフトアップしたような印象に変わって若々しく！

不機嫌顔もヘアとメイクで大改善！

加齢でたるんできた影響で顔は四角く、口角が下がり、不機嫌顔に見られることも少なくなかった矢部さん。自分の欠点ばかりに目が行き、自己肯定感が低下してましたが、「この先の人生を楽しく過ごしたい」との思いからヘアスタイルをチェンジ。ベロマッチョ体操（P.74）を続け、前向きに美容に取り組んだところ、笑顔の時間が増えるように。周囲との関係もポジティブに変わり、下がっていた頬もキュッとリフトアップです。

化け子 COMMENT

美容に前向きに取り組む矢部さんは、見た目が変わるスピードも速かったです。「楽しい」という気持ちは笑顔につながり、下がっていた口角が上がって表情まで柔らかく。50代でも人は変われるのです！

しっかりカウンセリングしてくれる美容室へ

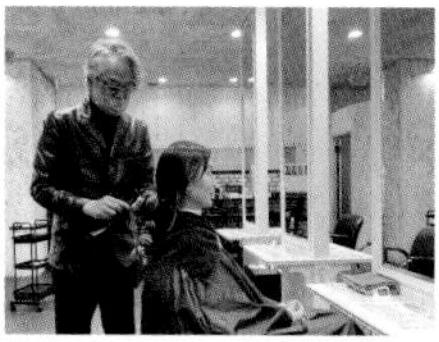

ヘア協力／ON THE GO HAIRDESIGN 海浜幕張
☎043-297-0003

ヘアスタイルのお悩み解消には、信頼できる美容室を探すのがいちばん。口コミで聞いた美容室に行き、自分の悩みをしっかり伝えて満足のいく仕上がりに

FILE 07

ヘアを変えることでメイクの厚塗りから卒業できた！

Data: **柳田恵美さん**　神奈川県・60歳

Profile: 髪のトップにボリュームが出なくなったのが悩み。肌は皮脂が多い部分の毛穴が目立つ一方、目周りが乾燥してシワやシミが増えてきました。還暦を迎えましたが、まだ老け込みたくないと思っています

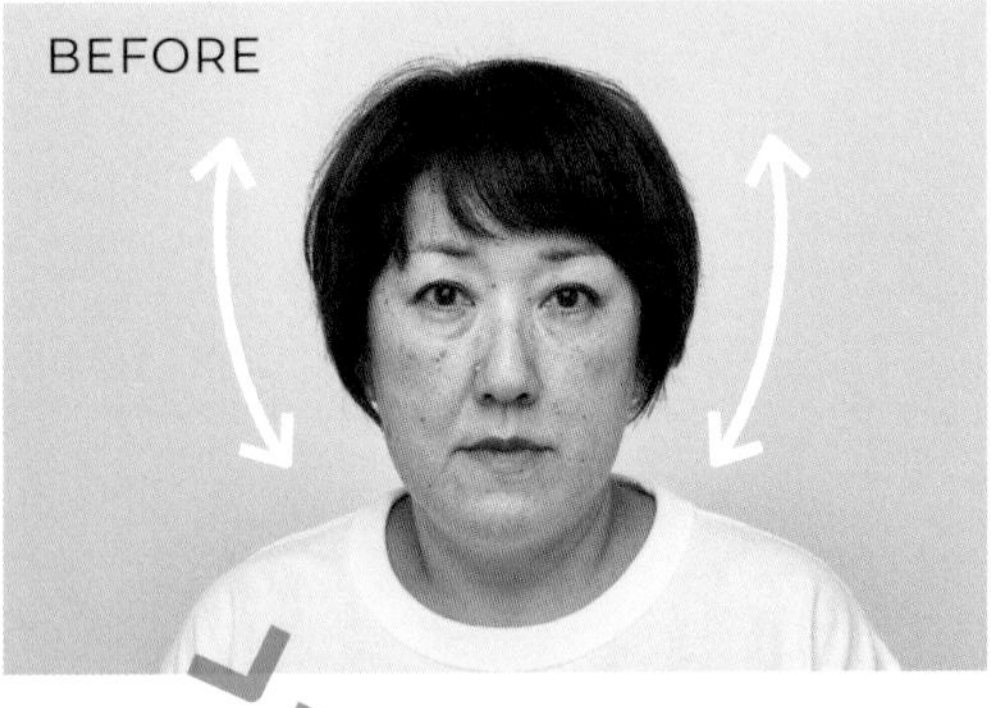

お悩みカルテ

- ☑ **ヘアのボリュームが出ない**
- ☑ **Tゾーンの脂が…**
- ☑ **顔にばかり注力してしまう**

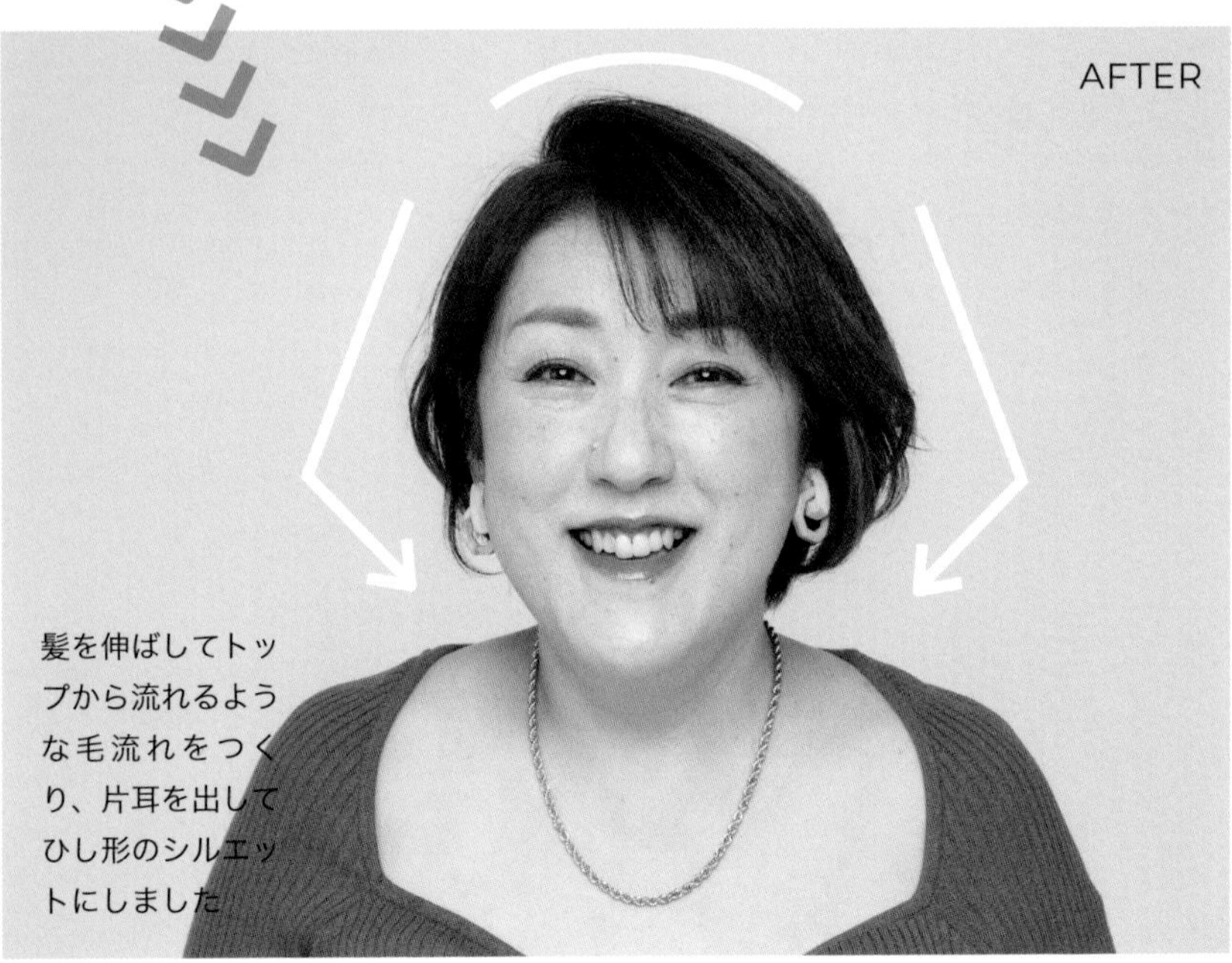

髪を伸ばしてトップから流れるような毛流れをつくり、片耳を出してひし形のシルエットにしました

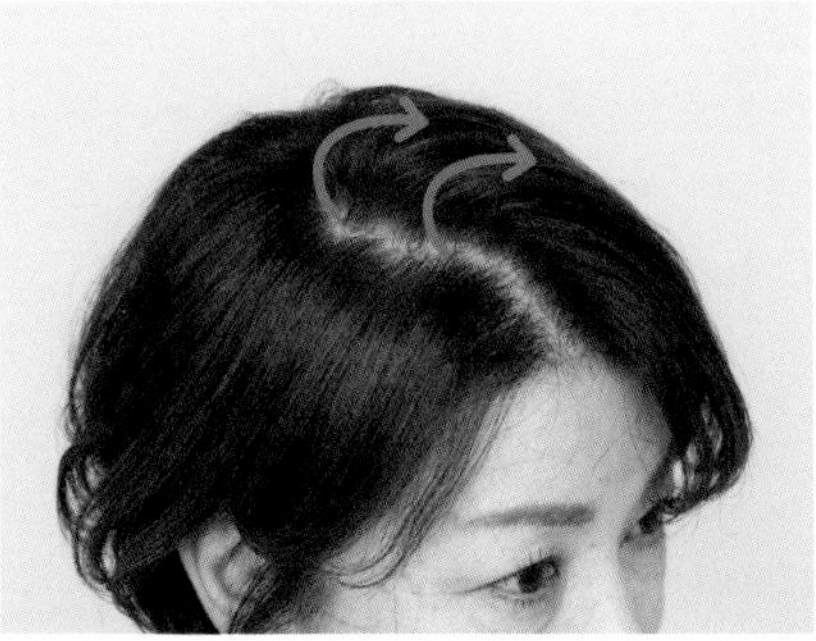

トップを立てる

毛の生えている方向の逆向きに根元を乾かして髪の立ち上がりをつけました。いつもと分け目を変えたことで地肌が隠れ、薄毛もカバー

面倒くささからショートヘアでいたけれど…

「これまでは、シワやシミを隠すためにベースメイクは厚塗りしてました」と言う柳田さん。それによりファンデの毛穴やシワ落ちが逆に目立つ結果になっていました。これも気になるパーツを隠すことばかりに注力していたからです。鏡の中の顔だけに注目せず、少し引き算でヘアスタイルから見直し。定番となっていたショートヘアを少しだけ伸ばし、トップにボリュームを持ってきたひし形スタイルに変更したことで、還暦とは思えないほど華やかな印象に。

化け子 COMMENT

柳田さんにたりなかったのは、全体のバランスの観察。メイクだけでなくヘアやボディメイクの面からも脱オバベを目指したことで、メイクの厚塗りによる弊害がなくなりました。髪もメイクも抜け感がアップです！

FILE 08

頬の凹みと顔の間延びも、ヘアとメイクで簡単解決！

Data: **Tさん** 東京都・48歳

Profile: 肌の乾燥が年々悪化。それに伴いシミやシワが増えてきました。やせ型で、加齢により頬の凹みとほうれい線が目立つように。乾燥による肌のくすみが、さらに凹みの影を際立たせています

お悩みカルテ

- ☑ **髪の毛がうねって正解がわからない**
- ☑ **やせ気味で輪郭が目立つ**
- ☑ **乾燥が年々悪化**

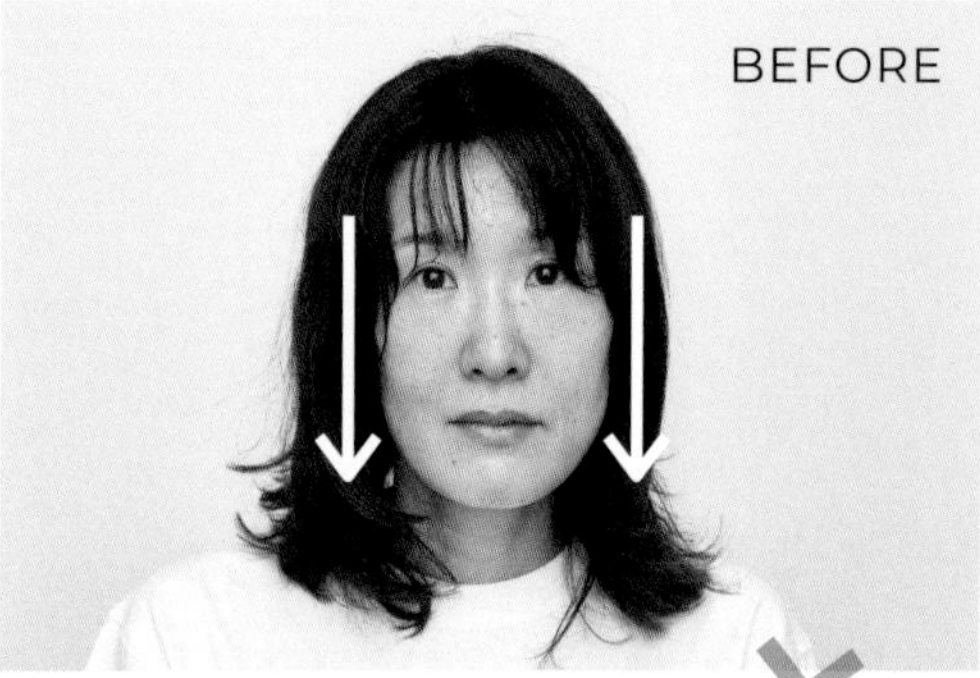

面長な人は、髪を下ろしたままだと縦のラインを強調してしまいます。前髪を斜めに流しておでこを少し見せ、サイドの髪を耳にかけて肌の面積を横に広げると、頬のコケのカモフラージュに

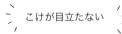

頬のこけた部分をヘアメイクでカバー

「年々、肌が乾きやすくなって、ハリ不足から頬がこけたようになりました」とTさん。そんな人こそヘアとメイクにひと工夫を。加齢により顔の下半分が伸びたようになるので、髪のボリュームゾーンを頬の凹んだ部分にくるよう引き上げて、ひし形ラインに。さらに頬の凹みをカモフラージュするために頬の影の部分に明るめのチークをふんわりと入れて目立たなくしました。もちろん普段のスキンケアも手を抜かないのが基本。ローションパックで肌のトーンが明るくなり、これがふっくら感をあと押し！

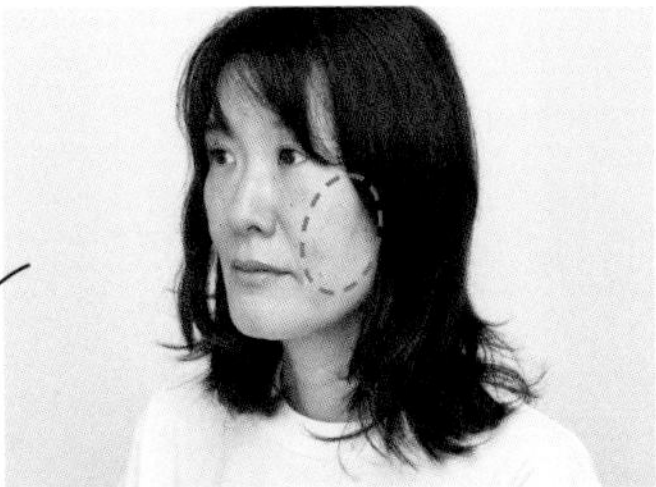

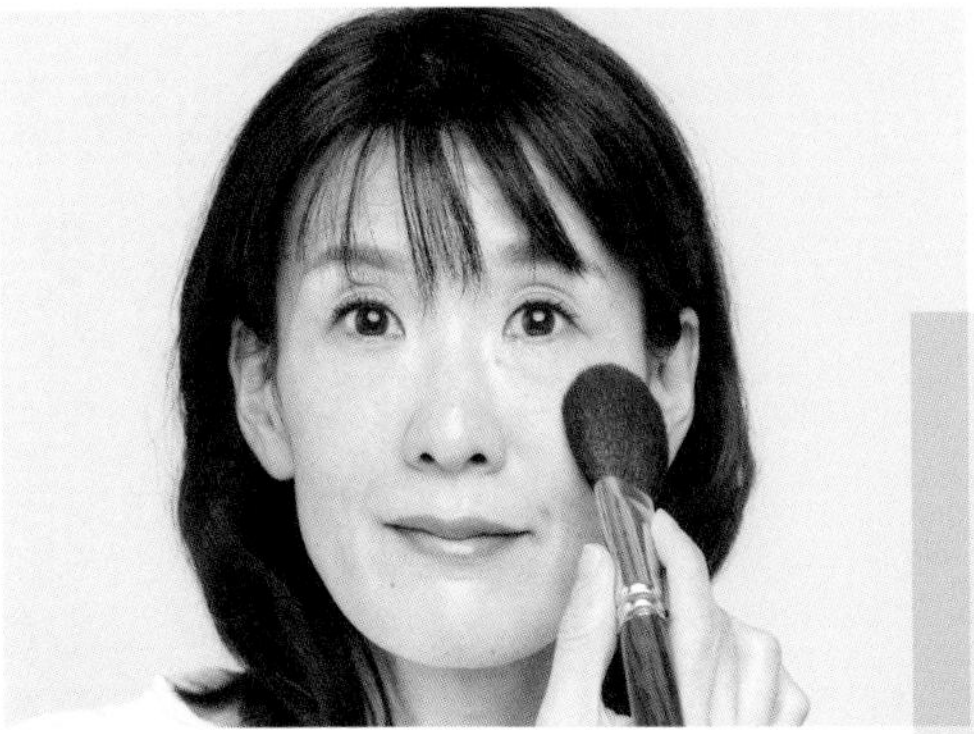

こけが目立たない

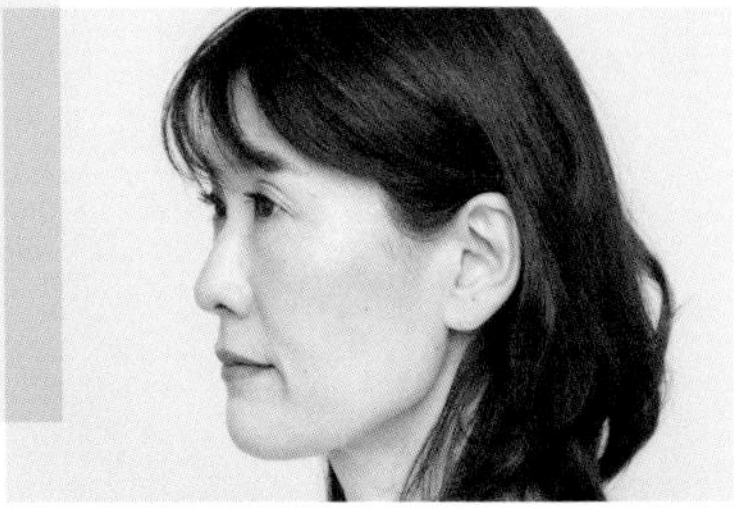

化け子 COMMENT

面長な人は、顔の長さを強調しないひし形ラインのヘアスタイルが断然おすすめ。また、凹みの影の部分にチークをたしてあげるのも、こけを目立たせないポイントです。明るい色をたせば、乾燥によってくすんでいた肌もパッと華やぎます

おわりに

ＹｏｕＴｕｂｅを始めてから、たくさんの女性からメイクにまつわる悩みを聞いてきました。

初めのうちに話してもらえるお悩みは、本人が気になっているたったひとつのことだけ。ですが実際にお会いしてみると、ひとつの悩みに執着しすぎて自分の現状把握ができてない、という方がとても多いことに気づきました。

問題はメイクじゃないぞ！という場合もあるし、自分のいいところがまったく見えてないのね、という場合もあります。

そう言う私自身はＹｏｕＴｕｂｅｒとなって自分の姿を見るたび、自分が認識していた自分とはかけ離れている現実を突きつけられ、このままオバさん化していっていいのか？と自問自答していました。そこでオバベ代表として、10年後の理想の自分を思い描き、とことん理想に近づいてみるのも悪くない、やるなら今しかない！と覚悟を決めて、自らもオバベに悩む1人としてたくさんチャレンジした結果が本書です。

3か月間、モニターのみなさんと取り組んできて得たものは、いつからだってやれば必ず変われるという確信でした。

でもそこには、1人じゃ続かないという壁がありました。だからこそ、一緒に挑戦している「仲間」と、励まし合えるSNSという「場所」をつくり、またその大きな力に助けられました。

こんな、やってみなければ結果が出るかどうかもわからない、チーム化け子の賭けに乗ってくださった扶桑社の皆様には感謝しかありません。本当にありがとうございました。

この本で得た「仲間」と「場所」の力を、人生を通して拡大させていくのが今の夢です。それは、私たちの会社の名前でもある「waiwai・Land」、大人のレジャーランドの実現でもあります！

一緒に楽しくゆるく理想を追いかけてみようよ。

化け子

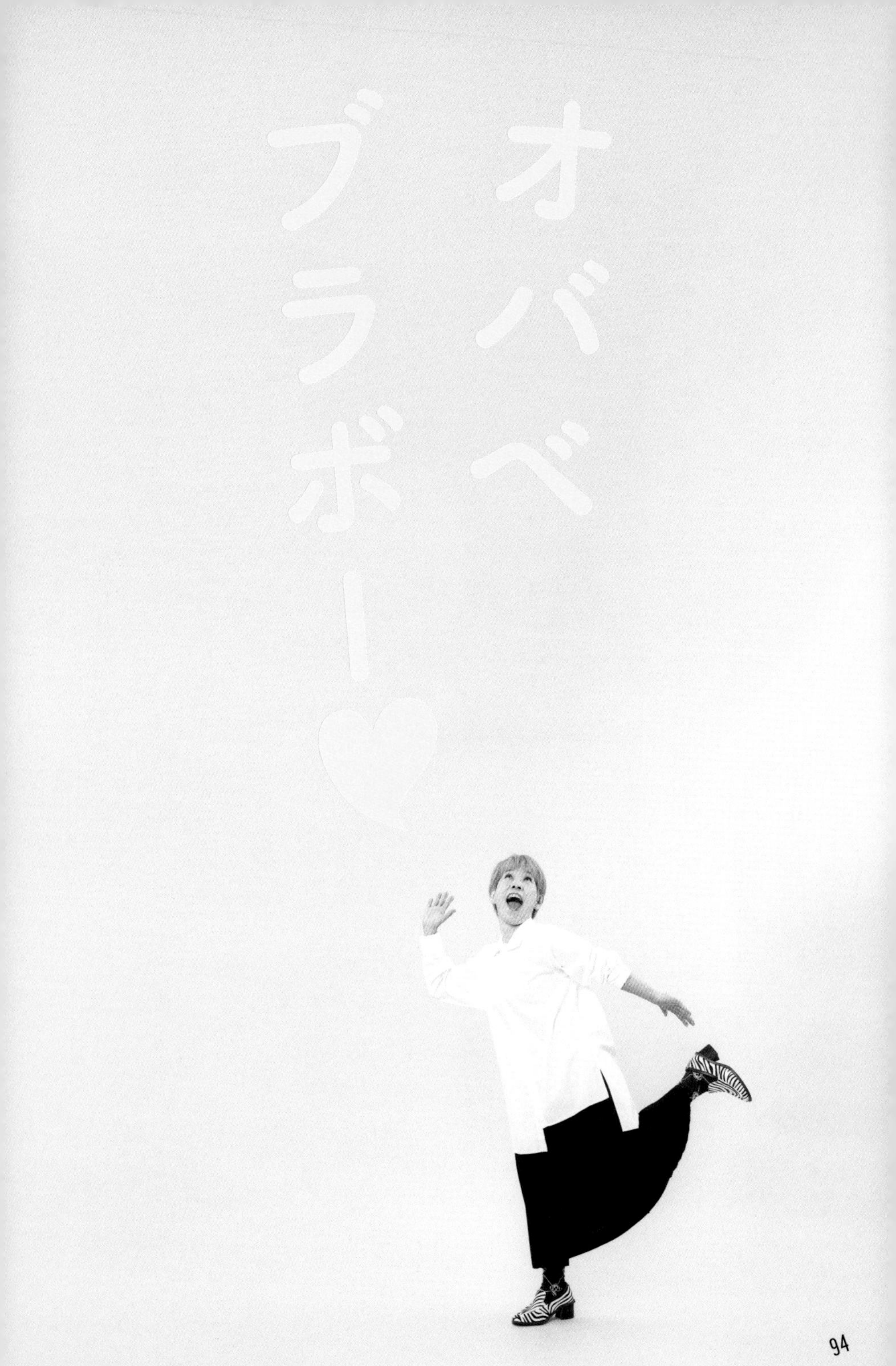
オババ
ブラボー♥

SHOP LIST

アートネイチャー　0120-501-396

アイム　0120-59-3737

アヴェダ　0570-003-770

味とサイエンス　0120-523-524

アビリティー　070-7490-3139

アユーラ　0120-090-030

井田ラボラトリーズ　0120-44-1184

イミュ　0120-371367

ウエダ美粧堂　072-948-1034

エリデン化粧品　0120-51-2900

オズ・インターナショナル　0570-00-2648

かならぼ　0120-91-3836

カネボウ化粧品　0120-518-520

カバーマーク　0120-117133

Clue　0120-274-032

ケサランパサラン　0120-187178

コスメデコルテ　0120-763-325

ザ・セム　https://thesaemcosmetic.jp/

シュウ ウエムラ　0120-694-666

THREE　0120-898-003

セザンヌ化粧品　0120-55-8515

DHC　0120-333-906

常盤薬品工業　0120-081-937

NARS JAPAN　0120-356-686

化け子ショップ（WaiWai・Land）　https://bakekoshop.stores.jp/

ビーリス　0120-117-738

ファンケル　0120-35-2222

松山油脂　0120-800-642

三善　0120-06-3244

化け子

本名・岸順子。芸能界でのヘアメイク歴30年以上の経験に裏打ちされた、確かな技術力と40代以上の肌や髪の毛に特化した専門知識をもつ。40代・50代以上のメイクのお悩みに答えるYouTubeチャンネル『ヘアメイク職人 化け子の駆け込み寺』（登録者数27万人／2023年2月現在）が人気に。著書に『化け活。』（主婦の友社）

YouTube ヘアメイク職人 化け子の駆け込み寺

Instagram @bakeko_kishi　**Twitter** @BAKEKO_kishi

化け子の 脱 オバベ BEAUTY BOOK

発行日　2023年3月21日　初版第1刷発行

著者　化け子

発行者　小池英彦

発行所　株式会社扶桑社

〒105-8070

東京都港区芝浦1-1-1 浜松町ビルディング

電話　03-6368-8873（編集部）

03-6368-8891（郵便室）

www.fusosha.co.jp

印刷・製本　凸版印刷株式会社

ISBN978-4-594-09429-4

STAFF

ヘアメイク
岸 順子

デザイン
三浦皇子

撮影
林 紘輝（扶桑社）

モデル
オバベ代表のみなさん

取材・文
平川 恵

校正
小出美由規

撮影協力
AWABEES

編集
市原由衣

企画協力
井川貴子、渡辺さおり
（ともにWaiWai・Land）